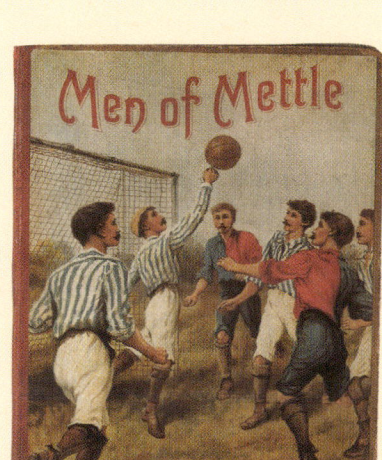

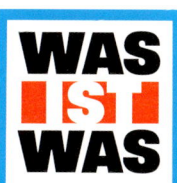

# Fußballbuch

Von Christoph Bausenwein

Illustriert von Uli Knauer

**Tessloff Verlag**

**BILDQUELLENNACHWEIS:**

**FOTOS:** Action Press, Hamburg: S. 45mr, 47ol, 86mo, 94ul; Adidas, Herzogenaurach: S. 10r, 3u, 28/29m, 31ul; Archiv des Autors: S. 6or, 6ul, 21, 22, 23, 25u (2), 32, 43ul, 46ol, 47or, 5ol, 51o, 53 (3), 60o, 61 (2), 63o, 65l, 88ol, 89or, 89ur, 93o, 96u, 97o; Associated Press, Frankfurt: S. 11mr; Bongarts, Hamburg: S. o/1, 39o, 57m, 64or, 67u, 69u, 79u, 83u (2), 87ul, 93ul, 97u; BPK, Berlin: S. 20 (2); DPA; Frankfurt: S. 66ul; Getty Images, München: S. 9ul, 11ml, 35, 55or; Imago, Berlin: S. 86ol, 86or, 87ol, 94o, 96o; Uwe Kraft, Düsseldorf: S. 78o; Herbert Liedel: S. 25or, 28u, 30u (2), 31or, 33or, 36u, 40ol, 42, 44m, 47ul, 48ul, 49ol, 52ul, 55u, 57or, 58u, 59ul, 65r, 68l, 99, 101; O. Metelmann, Hamburg: S. 37; Horst Müller, Düsseldorf: S. 24or, 31ur, 33ol, 38o, 40ol, 41r, 43r, 46ur, 47ur, 49ol, 54ml, 54u, 59or (2), 60ul, 64ul, 67o, 68o, 68u, 69o, 76ol, 76u (4), 77o, 78ur, 81or, 81u, 82, 83o, 86ul (2), 87or, 90o, 91u, 92 (2), 93ur, 95ol, 95ul; Museen der Stadt Wien: S. 51u; National Football Museum, Preston: S. 2/3, 60l, 7ur, 8u, 8/9m, 9o, 11or, 12 (2), 13o, 14/15 (6), 16/17, 18, 19 o, 24l (3), 24ur, sowie alle Bilder im Vor- u. Nachsatz; SAT1: S. 105; K. Schmidtpeter, Nürnberg: S. 30o, 90u; Ullstein, Berlin: S. 10ur, 19ul, 28ol, 29or, 36l, 44l, 45u, 48ol, 49or, 49ur, 51mr, 52ol, 52ur, 53l, 54o, 56 (2), 62 (2), 63u, 65o, 66o, 69r, 76r, 77u, 79o, 8oor, 8oul, 81mr, 86ur, 88m, 88ur, 89ol, 89ul, 91or, 95mr;

**ILLUSTRATIONEN:** Uli Knauer, Nürnberg

Sollte in den Quellenangaben der Name einer Agentur oder eines Fotografen nicht aufgeführt sein, so ist es dem Verlag trotz intensiver Recherchen nicht gelungen, ihn zu ermitteln. Wir bitten darum, sich in diesem Fall mit uns in Verbindung zu setzen.

Special thanks to Hugh Hornby of The National Football Museum for supporting this project.

6. aktualisierte Auflage 2005

ISBN 3-7886-0968-0

# Vorwort

Fußball ist weltweit das beliebteste Freizeitvergnügen. In welches Land der Erde man auch kommt – der Fußball ist bereits da und zieht die Menschen in seinen Bann. Nicht nur in Europa und Südamerika ist er die Sportart Nr. 1, auch in Afrika und Asien ist Fußball der mit Abstand beliebteste Freizeitsport.

Überall wird gekickt, sei es mit Blechbüchsen auf Hinterhöfen oder mit Bällen auf Bolzplätzen, sei es spontan mit wild zusammengewürfelten Mannschaften auf holprigen Wiesen oder nach offiziellen Regeln mit 22 Spielern in großen Stadien. Die Menschen sind vom Fußball begeistert, ganz gleich, welche Hautfarbe sie haben und welches Geschlecht, und es spielt auch keine Rolle, ob sie arm sind oder reich, dumm oder gescheit, dick oder dünn, jung oder alt. Fußball kann an jedem Ort gespielt werden und schließt niemanden aus.

Aber die Menschen spielen nicht nur gerne selbst, sie schauen auch begeistert anderen beim Fußball zu. Tausende feuern im Stadion ihre Mannschaft an, Millionen fiebern vor dem Fernseher mit. „Warum gehen so viele Menschen zum Fußball?", wurde der ehemalige Bundestrainer Sepp Herberger einmal gefragt. Er antwortete: „Weil keiner weiß, wie's ausgeht." Man könnte hinzufügen: Und weil jeder weiß, worum es geht. Denn Fußball ist einfach zu begreifen. Deswegen bringt er so viele Menschen zusammen. Selbst wenn sie unterschiedliche Sprachen sprechen, über die großen Stars und Spiele kann man sich immer verständigen. Kein Wunder also, dass die „schönste Nebensache" der Welt einen besonderen Namen bekommen hat: „König Fußball".

In diesem WAS IST WAS-Buch werden auf 105 reich bebilderten Seiten nicht nur Regeln, Techniken und Taktiken des Fußballspiels erklärt. Man erfährt auch viel Spannendes über seine Geschichte, über Meisterschaften und Pokale, über tolle Spiele und berühmte Spieler. Und natürlich fehlt auch der Frauen- und Jugendfußball nicht.

# Inhaltsverzeichnis

## Wie der Fußball auf die Welt kam

## Frauenfußball

## Die Regeln

## Technik

## Taktik

tsverzeichnis

Das japanische Spiel Kemari (Abbildung aus dem 19. Jh.) soll einer Legende nach von drei chinesischen Fußballgeistern mit Menschengesichtern und Affengliedern nach Japan gebracht worden sein.

„Brustballspieler" der Maya mit großem Kautschukball und typischem Brustpanzer

# Wie der Fußball auf die Welt kam

Die älteste bekannte Darstellung eines Fußballspielers, ein Steinabrieb aus China (124 n. Chr.). Die Schusstechnik wirkt ganz modern.

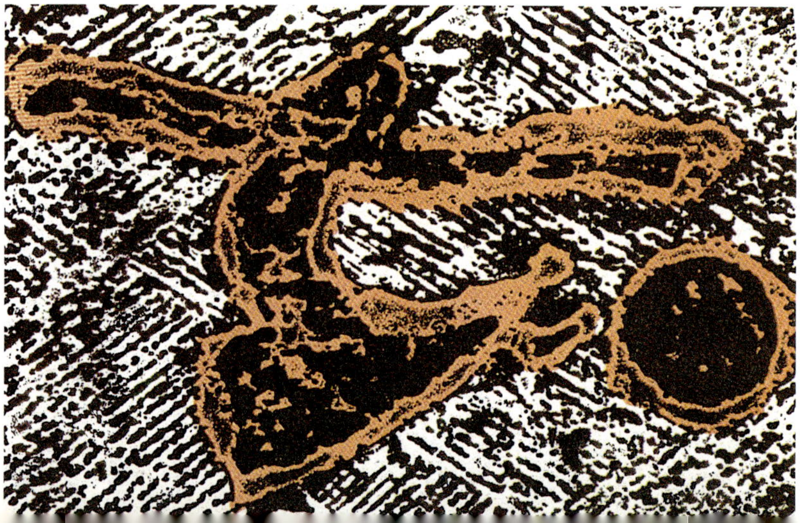

**Was ist eigentlich Fußball?**

Die Spielidee beim Fußball ist ganz einfach: Zwei Mannschaften treten gegeneinander an mit dem Ziel, einen Ball über die Torlinie ins gegnerische Tor zu befördern. Das Besondere daran ist, dass der Ball, wie der Name schon sagt, mit dem Fuß gespielt wird. Nur der Torwart darf innerhalb seines eigenen Strafraums Hände und Arme benützen. Sieger ist immer die Mannschaft, die am Ende der Spielzeit mehr Tore erzielt hat.

**Wer spielte zuerst einen Ball mit dem Fuß?**

Ballspiele, bei denen der Einsatz der Hände verboten war, gibt es schon sehr lange. Die ältesten Ballspiele dieser Art entstanden in Asien. In China soll das Spiel „T'suh-küh", das bedeutet übersetzt „einen Ball mit dem Fuß stoßen", schon im Jahr 2967 v. Chr. von dem legendären Kaiser Huang-Ti erfunden worden sein. Zur Zeit der Han-Dynastie (206 v. Chr. – 220 n. Chr.) gab es ein Handbuch des Fußballspiels, in dem über 70 typische Spielzüge aufgezählt wurden. Neben dem „Stoß-Fußball" war in China auch der „Kreisfußball" verbreitet, bei dem ein mit Federn gefüllter Ball mit Fuß oder Knie möglichst lange in der Luft gehalten werden musste. Verschiedene Varianten dieses Spiels haben sich später

Ball-Wettläufer aus Arizona mit kleinem Holzball

*Kopfball-Spiel der Paressi-Kabisi-Indianer (Brasilien)*

in ganz Asien ausgebreitet. In Japan ist das so genannte Kemari, das man auf einem 14 x 14 Meter großen Sandplatz spielte, schon seit dem 7. Jahrhundert n. Chr. nachweisbar.

Nicht nur in Asien, auch in Mittelamerika waren seit der Olmeken-Kultur um 1300 v. Chr. fußballähnliche Spiele sehr beliebt. Die Azteken zum Beispiel traten mit Mannschaften, die aus zwei bis sieben Spielern bestanden, zum „Ulama" an. Ziel des Spiels war es, einen massiven Kautschukball durch einen steinernen Ring zu stoßen, der an der Längsseite des etwa 50 Meter langen, rechteckigen Spielfeldes angebracht war. Um dieses Ziel zu erreichen, war viel Geschicklichkeit erforderlich: Die Spieler durften den Ball nur mit der Hüfte, dem Gesäß oder dem Knie stoßen.

> **Wurde auch in Amerika und Europa Ball gespielt?**

In Amerika gab es auch noch eine Reihe anderer seltsam anmutender Ballspiele. Bei den Maya zum Beispiel spielte man, mit regelrechten Ritterrüstungen gepanzert, nur mit der Brust. Andere Indianervölker kannten Spiele, bei denen nur der Kopf oder die Schulter benutzt werden durften. Wieder andere trieben in Ballwettläufen kleine Holzkugeln über Distanzen von mehreren Kilometern. Selbst die Eskimos betrieben eine Art Fußballspiel. In Europa kannten die Griechen und Römer Ballspiele, die wie Übungen im modernen Fußballtraining anmuten.

Weder die Griechen oder Römer, noch die Azteken oder Chinesen können allerdings als Erfinder des Fußballspiels gelten. Denn bei all diesen „Fußballspielen" handelte es sich eher um Geschicklichkeitswettbewerbe und nicht um Spiele, bei denen zwei Mannschaften, wie im heutigen Fußball, in direktem Körperkontakt um einen Ball kämpfen.

### BALLSPIEL UND RELIGION

Der alte chinesische Fußball wurde vor allem von Soldaten gespielt. Er war Freizeitbeschäftigung und körperliches Training zugleich. Bei den meisten anderen Völkern jedoch waren die Ballspiele kein bloßer Zeitvertreib, sondern ein Teil der Religion. Bei den meist im Frühjahr veranstalteten kultischen Spielen ging es darum, eine Verbindung zu den Göttern und zum Jenseits herzustellen. Das Ergebnis des Spiels wurde als Offenbarung des göttlichen Willens gedeutet: Je nachdem, ob es günstig oder ungünstig ausfiel, sahen die Menschen darin ein Zeichen für gute Ernten und Fruchtbarkeit oder eben für das Gegenteil. Je länger es zum Beispiel beim japanischen Kemari gelang, den etwa 22 Zentimeter großen Lederball in der Luft zu halten – durchschnittlich waren es 300 bis 400 Stöße, als Rekord ist ein Spiel mit über 5000 Stößen überliefert –, desto größer, so glaubte man, würde die Gunst der Götter ausfallen.

*Aztekisches „Steißballspiel" nach einer Skizze aus dem Jahr 1529*

*Fuß- und Handballspiele der Grönland-Eskimos (aus einem dänischen Reisebuch von 1763)*

## BALLSCHLACHTEN

Die urtümlichen Formen des Fußballspiels, wie wir sie seit dem Mittelalter aus England kennen, waren wild und von gewöhnlichen Raufereien kaum zu unterscheiden. Ähnliche Raufspiele gab es auch in Nordfrankreich, wo sie unter dem Namen „Soule" bekannt waren. Sogar die alten Römer und Griechen kannten „Ballschlachten" mit Hunderten von Teilnehmern. Aus Deutschland sind derartige Spiele nicht überliefert.

*So könnte ein Fußballspiel im mittelalterlichen London ausgesehen haben. Jeder, der Lust hatte oder zufällig des Weges kam, beteiligte sich an der wilden Rauferei.*

### Woher kommt der Name „Fußball"?

Im Jahr 1314 taucht in England erstmals der Begriff „Fußball" (englisch „football") auf, und zwar in einer Bekanntmachung des Bürgermeisters von London, in der das Fußballspielen in der Stadt verboten wurde. Bei dieser frühen Form des Fußballs handelte es sich um ein wildes und oft brutales Geraufe, bei dem schwere Verletzungen keine Seltenheit waren. Mit dem Fuß durfte genauso wie mit der Hand gespielt werden. Spielfeld, Spielerzahl und Spieldauer waren nicht festgelegt. Nicht einmal zwischen Zuschauern und Spielern wurde eindeutig unterschieden. Wenn jemand einen Ball in die Menge warf, waren alle Umstehenden sofort dabei. So kam es manchmal zu Spielen mit Hunderten von Teilneh-

mern, auf dem Land spielten oft ganze Dörfer gegeneinander.

Warum dieses Spiel als „Football" bezeichnet wurde, weiß man nicht genau. Vermutlich hat der Name damit zu tun, dass es im Gegensatz zu den Adelsspielen, die meist zu Pferde ausgetragen wurden, zu Fuß gespielt wurde. Es könnte aber auch sein, dass sich der Name auf die Größe des ausgestopften Lederballes bezog. Dieser hatte einen Durchmesser von einem englischen Fuß (etwa 30 Zentimeter).

*Klassischer Derby-Ball aus Ashbourne*

Dieser Kupferstich zeigt ein spontanes und regelloses Fußballspiel von Soldaten um 1820. Der urtümliche Fußball war so gefährlich, dass Knochenbrüche keine Seltenheit waren, manchmal gab es sogar tödliche Verletzungen.

Die Geschichte des wilden Fußballs von seiner ersten schriftlichen Erwähnung im Jahr 1314 bis zu seinem endgültigen „Aus" im Jahr 1847 ist eine Geschichte der Verbote. Immer wieder versuchten die staatlichen Behörden, zum Teil sogar unter Einsatz von Soldaten, das beliebte Spiel zu verbieten. Gewalttätige Spiele wie der Fußball, so hieß es, erhitzten die Gemüter der Menschen und könn-

**Warum wurde der wilde Fußball in England verboten?**

ten leicht zu Aufruhr und Rebellion führen.

Alle Verbote jedoch konnten über Jahrhunderte hinweg nichts an der Beliebtheit dieses rauen Vergnügens ändern. Erst im 19. Jahrhundert, als das Leben in den großen Städten zivilisierter geworden war, konnte das Fußball-Verbot polizeilich durchgesetzt werden. Ganz verschwunden ist der volkstümliche Fußball aber auch heute noch nicht. Alljährlich am Faschingsdienstag wird in Ashbourne, einem kleinen Ort in Mittelengland, ein Spiel nach traditioneller Art durchgeführt. So wild wie früher geht es dabei allerdings nicht mehr zu, denn es ist in erster Linie eine Veranstaltung für Touristen.

Der Volksfußball in England wurde hauptsächlich mit der Hand gespielt und notfalls auch im Wasser fortgesetzt (Szene vom Traditionsspiel in Ashbourne, 1931).

So könnte ein Calcio-Spieler im 17. Jahrhundert ausgesehen haben.

## Wer erfand die ersten Fußballregeln?

In Italien gab es schon seit dem 15. Jahrhundert ein Spiel namens Calcio, das, wie schon der Name sagt, mit einem Fußtritt begonnen wurde (das italienische Wort „calcio" bedeutet auf Deutsch „Fußtritt"). Neben dem gewöhnlichen Calcio, der den englischen Raufspielen ähnelte, gab es auch eine Art „Edelcalcio" (Calcio a livrea), der den Adligen vorbehalten war. Aus den frühen Regelbüchern von Antonio Scaino (1555, für den Calcio in Parma und Venedig) und Giovanni de Bardi (1580, für den Calcio in Florenz) geht zwar hervor, dass keines dieser Spiele ein reines Fußballspiel war, doch das Spiel mit dem Fuß war auf jeden Fall erlaubt. Beide Spiele lassen sich wohl am ehesten mit dem heutigen Rugby vergleichen. Vermutlich haben die italienischen Regeln auch die Fußballspiele beeinflusst, die später in den englischen Eliteschulen verbreitet waren.

Im Sinne einer militärischen Ertüchtigung sollte der Calcio die jungen Adligen einerseits körperlich und geistig trainieren, andererseits sollte der Fußballplatz aber auch als Bühne dienen, auf der die Reichen und Vornehmen ihre Tugenden zur Schau stellen konnten. Vom Volksspiel unterschied sich dieser Fußball der Reichen und Edlen vor allem dadurch, dass das Werfen des Balles mit offener Hand als „dumm und unschön" verpönt war. Alle Aktionen hingegen, die eine besondere Geschicklichkeit verlangten – wie zum Beispiel das Vorantreiben eines Balles mit dem Fuß – galten als besonders vornehm. Entscheidend für den Spielerfolg sollte nicht, wie im derben Volksspiel, die rohe Gewalt sein, sondern kluges Vorgehen und tänzerische Eleganz.

Calcio in Venedig. Dieses Gemälde von 1779 zeigt, dass die Calcio-Tore „echten" Torbögen ähnelten. Man vermutet, dass sich der Calcio aus einem Wettbewerb entwickelte, der bei mittelalterlichen Ritterturnieren üblich war und die Eroberung eines Burgtores zum Ziel hatte.

Bei den Fußballspielen zwischen jüngeren und älteren Schülern bezogen die „Kleinen" oft heftige Prügel. Nach dem Anpfiff werden die Älteren (rechts) über die Jüngeren herfallen.

## Wie erfanden englische Schüler den modernen Fußball?

Ende des 18. Jahrhunderts waren die alten und brutalen Formen des Volksfußballs in England weitgehend ausgerottet. Doch in den englischen Internaten lebten sie weiter: Dort, in den so genannten „Public Schools" für die Söhne wohlhabender Engländer, waren fußballähnliche Wettkämpfe sehr beliebt. Die Spiele, die in Eton, Harrow, Rugby und anderen Privatschulen betrieben wurden, unterschieden sich stark voneinander. Jede Schule hatte ihr eigenes Spiel mit mündlich überlieferten Regeln. Das bekannteste ist das erstmals für das Jahr 1717 belegte „Wall Game" in Eton. Die Tradition dieses komplizierten „Mauerspiels" wird bis heute gepflegt. Angeblich ist sogar das in den „Harry-Potter"-Büchern beschriebene „Quidditch" diesem historischen Mauerspiel nachempfunden.

Beim Eton Wall Game ist das Spielfeld nur 4,5 Meter breit, aber 107 Meter lang und auf einer Seite von einer Mauer begrenzt. Viele Tore fallen in diesem Spiel nicht – zwischen 1849 und 1973 waren es lediglich drei.

So unterschiedlich die Spiele an den verschiedenen Schulen auch waren, eines hatten sie alle gemeinsam: Sie waren sehr gewalttätig. Beim „Mauerspiel" in Eton war es zum Beispiel erlaubt, den Gegner mit dem Kopf vor die Mauer zu stoßen. Verantwortlich für diese Härte war vor allem das Herrschaftssystem in den Public Schools, das auf der Unterwerfung der Jüngeren durch die Älteren beruhte. Alle Jungen, die neu an die Schule kamen, wurden erst einmal beim Fußball verprügelt. Danach waren die „Kleinen" so eingeschüchtert, dass sie bereitwillig den „Großen" zu Diensten waren. In der Public School von Shrewsbury trug das brutale Ballspiel denn auch den Namen „Sklavenspiel".

Im Laufe der Zeit bemühten sich einige Lehrer darum, die Härte dieser brutalen Wettkämpfe zu mildern. Sie führten Regeln ein, die das Spiel kontrollierbar machen und die Gewalttätigkeit eindämmen sollten. Die ersten schriftlichen Regeln wurden, angeregt von Schulleiter Thomas Arnold, 1845 in der Schule von Rugby festgelegt. In Rugby spielte man Fußball „mit der Hand" – Rugby eben. In Eton hingegen, wo 1849 die Regeln für das neu erfundene Feldspiel („Field Game") festgelegt wurden, galt die Vorschrift, dass die Berührung des Balles mit der Hand zu vermeiden sei.

Eton Field Game (1909)

Fußballtrikot von Eton (Field Game)

Prinz Harry beim Eton Wall Game

Fußball- und
Rugby-Spieler im Jahr 1881.
Obwohl sich die beiden Sportarten zu diesem Zeitpunkt bereits getrennt hatten, posierten
die Stars noch gemeinsam für
den Zeichner.

## Wie entstanden die ersten allgemeinen Fußballregeln?

Mitte des 19. Jahrhunderts überlegten sportbegeisterte Studenten an den Universitäten von Cambridge und Oxford, wie die unterschiedlichen Football-Regeln, die sie aus ihren Herkunftsschulen kannten, zu allgemein gültigen Regeln vereinheitlicht werden könnten. Sie wollten ein Football-Spiel erfinden, das die Vorteile des in Rugby üblichen Spiels mit den besten Elementen aus den Spielen vereinigte, die in Eton, Harrow und anderswo üblich waren.

Wie nicht anders zu erwarten, stritt man sich vor allem darüber, ob der Ball nur mit dem Fuß oder aber auch mit der Hand gespielt werden durfte. Die Rugby-Anhänger waren für das Spiel mit der Hand, denn es machte den Sport um vieles härter und kämpferischer.

Am 26. Oktober 1863 versammelten sich in der Gaststätte „Freemasons Tavern" die Vertreter von elf Londoner Schulen und Clubs, um einen nationalen Verband – die so genannte „Football Association" – zu gründen. Bei dieser Versammlung waren auch die Rugby-Anhänger noch dabei. Bei weiteren Treffen diskutierte man die Regeln, die für die Football Association gelten sollten. Doch schon nach kurzer Zeit kam es zum Bruch zwischen der „Fuß-" und der „Hand-Partei". Die Fuß-Partei setzte sich für Regeln ein, die bereits 1848 an der Universität Cambridge entworfen worden waren. In diesen „Cambridge Rules" war es nicht erlaubt, den Ball mit den Händen zu halten oder zu schlagen. Sie wurden nun zur Grundlage des Regelwerks, das der englische Fußballverband 1863 aus-

Die „Freemasons Tavern" (Freimaurer-Taverne), das Gründungs-
lokal des englischen Fußballverbandes.

Dieses Bild von 1895 zeigt ein Spiel zwischen den Universitätsmannschaften von Oxford und Cambridge.

arbeitete. Die Rugby-Anhänger konnten sich mit ihren Vorstellungen nicht durchsetzen. Sie traten daraufhin aus der Football Association aus und gründeten im Jahr 1871 ihren eigenen Verband, die Rugby Union.

Außer der Frage, ob man den Ball nun nur mit dem Fuß spielen durfte oder nicht, gab es unter den Mitgliedern der Gründungsversammlung von 1863 noch einen weiteren strittigen Punkt: ob es zulässig sei, dem Gegner in die Beine zu treten. Beim Rugby nämlich war dieses so genannte Hacking erlaubt, beim Association-Football hingegen sollte es, wie die Mehrheit meinte, verboten sein.

Viele befürchteten, dass das Hacking wegen des Verletzungsrisikos die angestrebte Verbreitung des Spiels verhindern könnte. Andere hingegen, insbesondere F. W. Campbell, der Wortführer der Rugby-Partei, waren der Ansicht, dass ein Verbot des Hackings das Wesen des Spiels zerstören würde: „Auch nach dem Gegner zu treten, das ist wahrer Fußball.

> **Warum wurde das „Hacking" im Fußball verboten?**

Die in Cambridge hatten kein Recht, dagegen eine Regel einzuführen. Sie scheint für jene gemacht, die lieber ihre Pfeife, ihren Grog und ihren Schnaps mögen als das mannhafte Spiel. Ich glaube, die Einwände gegen das Treten kommen von Leuten, die einfach zu alt für den Geist dieses Spiels sind."

Campbell konnte mit seiner Meinung nicht durchdringen. Die Mehrheit wollte lieber ein zivilisiertes, ungefährliches Spiel. So setzte sich unter der Bezeichnung „Soccer" (abgeleitet von „Association Football") ein Spiel durch, bei dem es, anders als beim Rugby, nicht nötig war, die Brutalität mit vielen Vorschriften einzuschränken. Die Soccer-Regeln waren leicht durchschaubar und jeder konnte mitmachen, unabhängig davon, wie kräftig er war.

**ERSTES LÄNDERSPIEL**

Bereits 1872 kam es zum ersten Länderspiel in der Geschichte des Fußballs. Das Match zwischen England und Schottland in Glasgow endete 0:0. Organisator des Spiels war Charles William Alcock, einer der wichtigsten Fußball-Pioniere. Der Begründer des berühmten Wanderers FC gilt nicht nur als „Vater des internationalen Fußballs", sondern auch als Erfinder des englischen Pokalwettbewerbs (F. A. Cup). 1872 wurde er mit den Wanderers erster Pokalsieger.

„Hacking", wie es beim Spiel in der Schule von Rugby üblich war. Hatte sich ein Spielerhaufen gebildet, hieß es: „Trete den Ball, wenn du es kannst, und wenn du es nicht kannst, dann trete dem anderen gegen das Schienbein."

13

*Beim disziplinierten und fairen Spiel: Gentlemen am Ball (Ende des 19. Jahrhunderts). Der Titel des Buches lautet übersetzt „Männer mit Feuereifer" und nimmt Bezug auf einen Vers von William Shakespeare.*

*Als der Schiedsrichter eingeführt wurde, trat das ein, was viele Gentlemen befürchteten: Die „Pfeifenmänner" wurden von Spielern und Zuschauern oft übel zugerichtet (Karikatur, Anfang 20. Jhdt.).*

### „THE CORINTHIANS"
**Der legendäre Amateurclub „The Corinthians" wurde 1882 von „Pa" Jackson gegründet und repräsentierte die hohen Ideale des Gentlemen-Fußballs. Die Corinthians hatten zum Beispiel die Angewohnheit, Strafstöße absichtlich zu verschießen. Wenn sie selbst einmal aus Versehen einen Strafstoß verursacht hatten, ließen sie den Elfmeterschützen in ein leeres Tor schießen. Ihren Namen hatten sie einem Vers des englischen Dichters Shakespeare entnommen, der lautet: „Ein Korinther, ein Bursche mit Feuereifer, ein guter Junge."**

*Fußballschuhe um 1910. Sie haben bereits verstärkte Kappen und genagelte Stollen.*

gentlemanhaftes" Verhalten auf den Fußballplätzen zu unterbinden, führte die Football Association allerdings den Schiedsrichter (1874, seit 1878 mit Pfeife), den Platzverweis (1877) und den Strafstoß (1891) ein.

Nachdem sich in London die Vertreter des „sanften" Fußballs gegenüber den Verfechtern des „harten" Rugby durchgesetzt hatten, gab es zwar endlich Regeln, die schon sehr deutlich den heutigen ähnelten, aber der Fußball war damit noch lange kein Volkssport. Sport war damals noch eine Sache, die ausschließlich den Gentlemen vorbehalten war. Als Gentleman galt nur der, der von vornehmer Geburt war und eine Ausbildung in einer der angesehenen Public Schools erhalten hatte.

Nur sehr zögernd wurden auch die so genannten „einfachen" Leute zum Spielbetrieb zugelassen. Vor allem Rugby, so meinte man damals, sei ein hartes Spiel, das nur von Leuten betrieben werden sollte, die in der Lage seien, sich selbst zu beherrschen. Es sei daher nur für höfliche Gentlemen, nicht aber für rohe und unbeherrschte Arbeiter geeignet. Deswegen ließ man Arbeiter zunächst nur für den relativ gewaltfreien Soccer zu. Um „nicht-

> **Warum durften erst nur Gentlemen Fußball spielen?**

> **Was bedeutet der Begriff des „Fair Play"?**

Den britischen Gentlemen ging es beim Sport nicht nur darum, dass sie gewannen, viel wichtiger war ihnen, wie sie gewannen. Sie vertrauten so sehr auf das Ehrgefühl des Sportlers, dass sie in ihrem Regelentwurf von 1863 zunächst ganz darauf verzichteten, irgendwelche Bestimmungen über Schiedsrichter oder Frei- und Strafstöße festzulegen. Gentlemen, so waren sie überzeugt, brauchten keine Vorschriften, sondern sorgten selbst dafür, dass die Regeln eingehalten und keine unlauteren Mittel eingesetzt wurden. Fiel zum Beispiel einmal ein Spieler durch Verletzung aus, so sorgten Gentlemen selbst für eine Wiederherstellung des Kräftegleichgewichts, indem ein Spieler der bevorteilten Mannschaft den Platz verließ.

Viele Gentlemen sahen mit der Einführung von Spielstrafen das Ideal des Fair Play, des fairen Spiels, in Frage gestellt. Als 1891 der Strafstoß eingeführt wurde, meinte C. B. Fry, einer der berühmtesten Gentlemen-Kicker jener Zeit: „Es ist eine Beleidigung des Ansehens von Sportsleuten, wenn sie unter einer Regel spielen müssen, die unterstellt, dass die Spieler ihrem Gegner absichtlich ein Bein stellen, treten und schlagen und sich benehmen wie üble Kerle der gewissenlosesten Sorte. Ich behaupte, dass die Linien, die den Strafraum markieren, eine Schande für das Spielfeld einer Public School sind."

Heutzutage werden an den Begriff des Fair Play, der unverändert auch ins Deutsche übernommen worden ist, nicht mehr ganz so hohe Ansprüche gestellt. Oder kann man sich vorstellen, dass ein heutiger Bundesligaspieler auf die Ausführung eines unberechtigten Strafstoßes verzichten würde oder so anständig wäre, ein von ihm begangenes Foul zu melden, wenn es der Schiedsrichter nicht gesehen hat?

*C. B. Fry, ein berühmter Gentlemen-Fußballer, der sich 1891 über die neu eingeführte Strafstoßregel fürchterlich aufregte.*

*Ein Paar braune Herrenschuhe, wie sie auch die Spieler der Corinthians um 1895 trugen.*

FOOTBALL.

*Gentlemen-Fußballer um 1900*

15

*Das Wappen von Arsenal London, dem als „Gunners" berühmt gewordenen Club. Der Verein wurde 1886 von Arbeitern der Rüstungsfirma Woolwich Arsenal gegründet.*

*Oben: Die ersten Schienbeinschoner trug man über den Strümpfen.*
*Links: „Baines Cards" englischer Fußballvereine. Diese gedruckten Karten wurden als Serien paketweise verkauft und waren das erste begehrte Sammel- und Tauschobjekt von Fußballfans.*

Entwickelt hatten das Fußballspiel junge Männer aus Adel und Bürgertum. Doch populär geworden ist es als Spiel der Arbeiter, die Ende des 19. Jahrhunderts rund drei Viertel der englischen Bevölkerung ausmachten. In Massen waren die Menschen vom Land in die Städte geströmt und mussten dort ohne die gewohnte Geborgenheit auskommen, die das heimatliche Dorf geboten hatte. Es waren vor allem die Fußballvereine im eigenen Wohnviertel, die ihnen seit den 1870er Jahren eine Art „Ersatzheimat" boten. In den vielen kleinen Klubs, in denen man selbst

## Warum wurde der Fußball zum Volkssport?

kickte, hatte man die Gelegenheit, Freundschaften zu schließen und Gemeinsamkeiten zu pflegen. Und wenn man zusammen mit anderen ins Stadion ging, um „seine" Mannschaft anzufeuern, konnte man etwas erleben, das bei der anonymen Arbeit in der Fabrik nicht möglich war: das Gefühl, zu einer großen Gemeinschaft zu gehören.

Viele Arbeitervereine wurden in Kirchengemeinden gegründet. Die Pastoren hatten in dem neuen Sport sehr schnell ein taugliches Mittel erkannt, um die Jugend von der Straße zu holen. Berühmte Vereine wie zum Beispiel der FC Everton, Aston Villa oder die Wolverhampton Wanderers haben sich aus kirchlichen Ursprüngen entwickelt. Ein weiterer wichtiger Entstehungsort von Fußballvereinen waren die Betriebe. Arsenal London war eine Gründung von Arbeitern einer Rüstungsfirma, Manchester United wurde von Eisenbahnarbeitern gegrün-

## Wo entstanden die ersten Arbeitervereine?

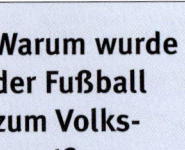

*Rechts: Ein Ball und ein Paar Schienbeinschoner, wie sie nach 1900 modern waren. Deutlich zu sehen ist die damals übliche Verschnürung des Balles, die verhinderte, dass er richtig rund wurde. Die Schienbeinschoner trug man nun unter den Strümpfen.*

det. Andere Vereine wurden nicht von den Arbeitern, sondern von Unternehmern ins Leben gerufen, so zum Beispiel West Ham United. Der Besitzer der Thames Ironworks erhoffte sich durch Erfolge des United-Teams eine Verbesserung der Stimmung unter der Belegschaft. Und schließlich gab es auch etliche Vereine, die als Kneipenmannschaften starteten. Heute noch bedeutende Clubs wie Nottingham Forest und die Blackburn Rovers wurden an den Theken von englischen Bierlokalen, den Pubs, gegründet.

**Wie verbreitete sich der Fußball unter der Jugend?**

Seit den 1870er Jahren schossen in England die Fußballvereine wie Pilze aus dem Boden. Doch ohne die Vorarbeit von Fußballpionieren, die das Spiel bei der Jugend populär machten, wäre das wohl kaum denkbar gewesen. Vor allem C. W. Alcock, Mitglied des Forest Club, den ehemalige Schüler der Public School von Harrow im Jahr 1859 gegründet hatten, warb voller Eifer für den neuen Sport. Pausenlos ging er mit seinem Club auf Reisen, damit sich die Jugend überall für das Spiel mit dem runden Leder begeistern sollte. Sein später auf den Namen „Wanderers" umgetaufter Verein wurde auf diese Weise weithin berühmt.

Verantwortlich für den endgültigen Siegeszug des Arbeiterfußballs waren schließlich die staatlichen Grundschulen. Nach Ansicht vieler englischer Fußball-Forscher hat kaum jemand so viel für die Ausbreitung des Fußballs getan wie die Lehrer. Sie hatten den Fußball meist beim Studium kennen und lieben gelernt und vermittelten ihre Leidenschaft nun an ihre Schüler weiter.

Vom Schulfußball bis zur Gründung eigener Vereine war es nur ein kleiner Schritt. Aus der Eigeninitiative von Schülern und Kindern entstanden viele Straßen- und Wohnviertelmannschaften, aus denen so berühmte Klubs wie die Queens Park Rangers oder die Tottenham Hotspurs hervorgingen.

**VIELE ENGLISCHE CLUBS** nannten sich damals „Wanderers" oder „Rovers", was auf Deutsch so viel wie „Umherstreifer" bedeutet. Sie besaßen nämlich zunächst keine eigenen Spielstätten und mussten daher von Platz zu Platz ziehen. Eine der erfolgreichsten Mannschaften waren die Blackburn Rovers, die 1884 den englischen Pokalwettbewerb gewannen. Der Verein wurde 1875 in einem Hotel gegründet, das noch lange Zeit „Vereinsheim" blieb.

*Anzeige eines Fußball-Ausrüsters in einer Zeitschrift für junge Leute (1900)*

*Die Mannschaft von Preston North End, der erste Champion in der englischen Football League*

### DIE UNBESIEGBAREN

Das Spiel der Gentlemen-Fußballer bestand vor allem aus Einzelaktionen, mit denen sich jeder Spieler hervortun wollte. So etwas wie Kombinationsfußball gab es noch nicht. Erst der Konkurrenzdruck unter den Profimannschaften sorgte dafür, dass sich die Spieler um ein wirkungsvolles Zusammenspiel bemühten. Preston North End war die erste Mannschaft, die solches „Teamwork" mit großem Erfolg betrieb: Weil sie in den Jahren 1888 und 1889 ohne Niederlage blieben, nannte man Prestons Spieler „die Unbesiegbaren".

**Wann gab es die ersten Liga- und Pokalwettbewerbe?**

Nach der Gründung des englischen Fußball-verbandes 1863 fand der Fußball rasch eine große Anhängerschaft. Um die wachsende Anzahl von Spielen zentral zu organisieren, wurde 1871 der Pokalwettbewerb eingeführt. Der Cup wurde schnell beliebt und brachte beträchtliche Einnahmen. Die Vereine wetteiferten nun verstärkt um den Erfolg und um die besten Spieler. Als Problem erwies sich dabei aber sehr schnell das K.O.-System der Pokalspiele. Hatte eine Mannschaft verloren, musste sie sich für den Rest der Saison mit Freundschaftsspielen gegen andere Verlierer begnügen, die natürlich viel weniger Zuschauer anlockten und so weniger Geld einbrachten.

Für Abhilfe sorgte schließlich die Einführung einer professionellen Fußballliga. Im April 1888 schlossen sich zwölf Klubs zur „Football League" zusammen. Ligaspiele garantierten eine feste Anzahl von Spielen und boten den Vereinen über die wenig berechenbaren Pokalspiele hinaus eine regelmäßige und verlässliche Einnahmequelle. Jetzt konnten die Klubs mit dem Fußball richtig Geld verdienen und sich mehr und mehr auch bezahlte Berufsspieler leisten. 1885 waren Profimannschaften offiziell erlaubt worden, und nun erlebte der Fußball als Profisport seinen großen Aufschwung. Profis und Amateure gingen von nun an getrennte Wege. Während am Cup-Wettbewerb alle Teams des britischen Verbandes teilnehmen durften, war die Liga allein für Profispieler reserviert.

## Wie wurde der Fußball zum Massenereignis?

Wie schnell der Fußball zum Massenereignis wurde, zeigen ein paar Zahlen: Nur 2000 Zuschauer hatten das Cup-Finale von 1872 sehen wollen, doch schon 1901 barst der Londoner Crystal Palace, gefüllt mit 111.000 Zuschauern, aus allen Nähten. 1913 starteten allein aus der Stadt Birmingham 13 (!) Sonderzüge zum Pokalfinale nach London.

Der große Erfolg des Fußballs war allerdings nur möglich, weil es Ende des 19. Jahrhunderts in England wirtschaftlich bergauf ging. Die Löhne stiegen, der arbeitsfreie Samstag wurde allmählich eingeführt und das Eisenbahnnetz wurde weiter ausgebaut. Nun hatten auch die einfachen Leute genug Zeit und Geld, um Spiele zu besuchen, und mit der Bahn konnten sie auch größere Entfernungen zurücklegen, um bei Auswärtsspielen ihres Klubs dabei zu sein.

Im gleichen Maße, wie der Fußball als Zuschauersport populär wurde, waren die Arbeiter auch selbst zu den Königen des Spiels geworden. Die Eintrittsgelder füllten die Kassen der Vereine und die Geldbeutel der Spieler. Diese konnten nun ihren normalen Beruf aufgeben und mit dem Fußball ihr Geld verdienen.

Die Gentlemen-Spieler aus der höheren Gesellschaft, die im Fußball nur eine Freizeitbeschäftigung sahen, hatten gegen diese Profiteams schon bald keine Chance mehr. 1883 gewann mit Blackburn Olympic die erste professionell trainierte Arbeitermannschaft den Cup der Football Association. Die Gentlemen-Supermannschaft „The Corinthians" landete im Jahr 1884 ihren letzten großen Sieg, als sie dem Cup-Sieger Blackburn Rovers mit 8:1 das Nachsehen gab. Danach hatte sie gegen die professionellen Arbeitermannschaften keine Chance mehr.

*Die Mannschaft von Aston Villa in den dunkelroten Trikots mit hellblauen Ärmeln im Angriff auf das Tor von Sunderland (Gemälde von 1893). Aston Villa und Sunderland waren in der Anfangszeit der englischen Liga die bedeutendsten Klubs.*

**DIE ERSTEN ARBEITER-PROFIS,** die bei englischen Clubs in Lohn und Brot standen, waren ihren Kollegen in den Fabrikhallen vom Verdienst her etwa gleichgestellt. Bis 1914 betrug das Einkommen eines Vollprofis ungefähr vier Pfund in der Woche. Ein Eisenbahnarbeiter verdiente bei einer Wochenarbeitszeit von 54 Stunden etwa drei Pfund. Jahrzehntelang war für Profis eine Lohn-Obergrenze festgelegt. Noch 1960 betrug sie bescheidene 20 Pfund in der Woche.

*Das Cup-Finale 1910 im Londoner Crystal Palace zog ungeheure Zuschauermassen in seinen Bann. Aston Villa aus Birmingham besiegte den Liverpooler FC Everton mit 3:2.*

In vielen deutschen Städten gab es rein englische Klubs, so in Leipzig und Dresden. Das Bild aus dem Jahr 1902 zeigt ein Spiel zwischen den „Football-Clubs" dieser Städte.

*Fußballspiel zwischen dem Berliner und dem Dresdener Fußballklub auf dem Exerzierplatz „Einsame Pappel" in Berlin*

### Wie verbreitete sich der Fußball in aller Welt?

England war im 19. Jahrhundert eine große See- und Handelsmacht, und so kam es, dass britische Matrosen und Geschäftsleute den Fußball rasch in alle möglichen Länder exportierten. Bereits gegen Ende des 19. Jahrhunderts gab es kaum ein Land mehr, in dem nicht Fußball gespielt wurde. Für die schnelle Verbreitung sorgten vor allem englische Handelsschiffe, die in allen Hafenstädten der Welt anlegten. Nach Südamerika zum Beispiel gelangte der Fußball durch englische Seeleute, die in Rio de Janeiro (Brasilien), Montevideo (Uruguay) und Buenos Aires (Argentinien) an Land gingen und die Menschen dort mit dem Fußballspiel bekannt machten.

In Europa wurde der Fußball zuerst in der Schweiz bekannt und beliebt. Bereits um 1860 wurde das Spiel von englischen Schülern eingeführt, die damals sehr zahlreich Schweizer Privatschulen besuchten. Schweizer spielten auch eine große Rolle bei der weiteren Verbreitung des Spiels. Zu vielen französischen Mannschaften gehörten Schweizer, und Schweizer waren auch maßgeblich beteiligt an der Gründung von Fußballklubs in Spanien (FC Barcelona, 1899) und Italien (Inter Mailand, 1908).

### Wie kam der Fußball nach Deutschland?

Die ersten erfolgreichen Klubs auf dem europäischen Festland kamen jedoch nicht aus der Schweiz, sondern aus Ungarn und Österreich. Die ältesten Wiener Fußballklubs, Austria und Vienna, haben nicht zufällig englische Namen: Gegründet wurden sie

*Embleme von Vienna und Austria Wien sowie Grasshoppers Zürich*

im Jahr 1894 von Arbeitern und Angestellten verschiedener englischer Unternehmen in Wien.

Auch in Deutschland wurden die ersten Vereine überall dort gegründet, wo englische Geschäftsleute und Studenten ansässig waren. Besonders viele waren es in der größten Stadt Deutschlands, in Berlin. Es war daher kein Zufall, dass der Fußballsport gerade dort sehr viele Anhänger fand. Zuerst führten die Engländer ihren Gastgebern das neue Spiel vor, dann forderten sie ihre deutschen Bekannten zu einem Wettkampf auf. Da war es nur eine Frage der Zeit, bis auch die ersten deutschen Vereine entstanden. Der älteste heute noch bestehende Klub ist der Berliner FC Germania von 1888.

Daneben sorgten auch einige fußballbegeisterte Deutsche für die Verbreitung des Spiels. Zu ihnen gehörte zum Beispiel der Braunschweiger Lehrer Konrad Koch, der, angeregt durch eine England-Reise, bereits 1874 in seinem Gymnasium den Rugby-Fußball als Schulspiel einführte. Einer der einflussreichsten Fußballpioniere war Walter Bensemann, der fließend Englisch sprach und schon während seiner Studenzeit im süddeutschen Raum internationale Fußballturniere veranstaltete. Bensemann, der 1889 den späteren Meisterklub Karlsruher FV gründete, blieb auch nach seiner aktiven Zeit dem Sport verbunden:

1920 rief er die Fachzeitschrift „Kicker" ins Leben.

Wettbewerbe zwischen den einzelnen Vereinen gab es zunächst fast nur auf Stadtebene. In Berlin oder Hamburg zum Beispiel wurde jeweils ein „Stadtmeister" ermittelt. Später schlossen sich die Vereine zu größeren Verbänden zusammen, wie etwa dem Süddeutschen Fußballverband. Schließlich wurde am 28. Januar 1900 in Leipzig der Deutsche Fußballbund (DFB) gegründet, dem zunächst 86 Vereine angehörten. Nun hatte man auch in Deutschland endlich einen nationalen Fußballverband, der in der Lage war, eine Deutsche Meisterschaft zu organisieren.

*So sah das alte Emblem des am 28. Januar 1900 gegründeten DFB aus.*

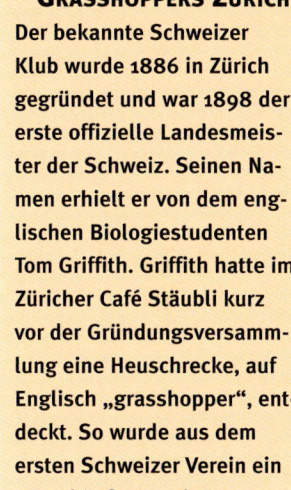

### GRASSHOPPERS ZÜRICH

Der bekannte Schweizer Klub wurde 1886 in Zürich gegründet und war 1898 der erste offizielle Landesmeister der Schweiz. Seinen Namen erhielt er von dem englischen Biologiestudenten Tom Griffith. Griffith hatte im Züricher Café Stäubli kurz vor der Gründungsversammlung eine Heuschrecke, auf Englisch „grasshopper", entdeckt. So wurde aus dem ersten Schweizer Verein ein „Grashüpfer-Verein".

*Die Mannschaft des Berliner Fußballclubs Germania im Jahr 1888. Der Verein besteht heute noch.*

### TURNER GEGEN FUSSBALL

Obwohl der Fußball bei vielen Jugendlichen in Deutschland großen Anklang fand, gab es in der Zeit vor dem Ersten Weltkrieg auch eine breite Front des Widerstands. Besonders die Turnlehrer wetterten gegen den „rauen und hässlichen" Fußball. Sie waren der Ansicht, dass man nur durch das Turnen einen gut trainierten, wohlgeformten Körper bekommen könne. Fußball hingegen sei ungesund. Auch der Wettkampfgedanke des englischen Sports war den Vertretern der deutschen Turnerschaft fremd, denn beim Turnen sollte nicht das Siegen im Vordergrund stehen, sondern die disziplinierte und korrekte Ausführung von Übungen.

*Berliner Schüler beim Fußballspielen im Jahr 1913*

### MITGLIEDERSTATISTIK

In welchem Tempo sich die Fußball-Begeisterung ausbreitete, zeigt die Mitgliederstatistik des DFB:

1904 – 10.000 Mitglieder

1913 – 160.000 Mitglieder

1920 – 750.000 Mitglieder

---

**Warum war Fußball an den Schulen verboten?**

Ähnlich wie in England war der Fußball auch in Deutschland vor allem bei Schülern beliebt. Am Wochenende zogen sie los, um auf irgendeiner holprigen Wiese den neuen Sport auszuprobieren. Richtige Fußballplätze gab es damals noch kaum, geschweige denn Tore mit Netzen. Wäschestangen wurden zu Torpfosten umfunktioniert, dazwischen spannte man Stricke, die als Querlatten dienten. Und auch das Spiel selbst hatte mit modernem Fußball noch nicht viel zu tun. So gab es zum Beispiel noch keinerlei Aufgabenverteilung unter den Spielern. Ein Zeitzeuge um 1900 berichtet: „Wenn auch bereits nach festen Regeln gespielt wurde, der Ball zog, wohin auch immer er im Spielfeld geriet, den größten Teil der Spieler auf sich, um von diesen gleich einer Meute losgelassener Hunde aufs hitzigste umkämpft zu werden."

Die meisten Erwachsenen standen dem englischen Sport damals noch sehr ablehnend gegenüber. Besonders die Turnlehrer hielten nichts von der wilden „Fußlümmelei". Jahrelang war der neue Sport im Turnunterricht verboten. In Bayern war den Gymnasiasten das Fußballspielen auch außerhalb der Schule untersagt. Wurden die Schüler dabei erwischt, konnte dies den Verweis von der Schule nach sich ziehen. So blieb ihnen nichts anderes übrig, als heimlich in ihrer Freizeit dem Ball hinterherzujagen. Trotzdem wagten es manche, sich einem der Vereine anzuschließen, die – zum Beispiel in Nürnberg oder Leipzig – von ehemaligen Gymnasiasten gegründet worden waren.

*Titelblatt des Fußballjahrbuches des DFB von 1913*

*Viele Turnlehrer waren gegen die Einführung des Fußballs in Deutschland. 1898 verfasste der Lehrer Karl Planck eine Streitschrift mit dem Titel „Fußlümmelei", in der das Fußballspiel als lächerlich und widernatürlich gebrandmarkt wurde.*

*Die Fußballmannschaft eines Infanterie-Regimentes (1909)*

## Wann wurde Fußball in Deutschland so richtig beliebt?

Im Gegensatz zu vielen Lehrern standen einige hoch gestellte Persönlichkeiten dem Fußball sehr positiv gegenüber. Der deutsche Kronprinz Wilhelm stiftete 1907 einen Pokalwettbewerb, Prinz Friedrich Karl von Preußen war selbst aktiver Fußballer beim SC Charlottenburg Berlin. Auch die Militärbehörden förderten den Fußball. Seit 1910 war Fußball Teil der militärischen Grundausbildung, in Heer und Marine wurden eigene Wettbewerbe veranstaltet. Da war es nur selbstverständlich, dass die Exerzierplätze für das Fußballspiel zur Verfügung gestellt wurden. Auch deshalb entwickelte sich Berlin, wo es viele Kasernen gab, zur ersten Hochburg des Fußballs in Deutschland.

In den Jahren des Ersten Weltkriegs (1914-18), als alle jungen Männer zum Militär einberufen wurden, lernten auch diejenigen den Fußball kennen, die von diesem Sport bis dahin noch nichts gehört hatten. Tausende von Soldaten fanden im Fußball eine Ablenkung von den Gräueln des Krieges. So wurde die Zahl der Fußball-Anhänger immer größer. Und als der Krieg vorbei war, wurde das Fußballspiel, von dem selbst die Turnlehrer inzwischen eine bessere Meinung hatten, nun auch an den Schulen geduldet.

*Zuschauermassen in Berlin, 1919*

# Frauenfußball

**Wo gab es die ersten Frauenfußballmannschaften?**

Fußball ist nicht nur eine Sache für Männer. Schon aus der Anfangszeit des Profifußballs in England wird berichtet, dass Frauen sehr häufig die Spiele in den Stadien besuchten. Und bald traten die Frauen auch selbst gegen den Ball. 1894 gründete Nettie Honeyball in London die erste englische Frauen-Fußballmannschaft mit dem Namen „British Ladies". Ein Jahr später fand das erste „Ladies Football Match" vor 10.000 Zuschauern statt. Frauen, die öffentlich in kurzen Hosen herumliefen, waren jedoch für viele ein Ärgernis. Frauen sollten Röcke tragen und Tennis spielen, meinten die meisten Männer, und so wurden die Frauenfußballspiele im Jahr 1902 verboten.

Als im Laufe des Ersten Weltkriegs der Betrieb der englischen Profiliga eingestellt worden war, wurde der Frauenfußball plötzlich wieder beliebt. Der Zweck der vor Zuschauern veranstalteten Frauenwettkämpfe be-

*Weltfußballerin 2003 und 2004: Birgit Prinz, die torgefährlichste Frau der deutschen Nationalelf.*

stand vor allem darin, Geld für wohltätige Zwecke zu sammeln. Berühmtestes Team waren die „Dick Kerr's Ladies". 1920 lockten sie 53.000 Zuschauer in das Liverpooler Stadion. Dieser Erfolg war den Männern wohl zu viel. Nur ein Jahr später wurde den Frauen verboten, in Stadien aufzutreten. Der englische Verband erklärte, dass das Fußballspiel für Frauen ungeeignet sei. Nur noch wenige Frauen spielten weiter Fußball, und niemand schaute ihnen zu. Durchsetzen konnte sich der Frauenfußball schließlich erst in den 70er Jahren des 20. Jahrhunderts.

*Nettie Honeyball*

*Ganz links: das berühmteste Frauenteam in den 20er Jahren, die Dick Kerr's Ladies*

In Deutschland wurde 1930 in Frankfurt die erste „Damen-Fußballmannschaft", wie es damals hieß, gegründet. Aber auch in Deutschland gab es große Widerstände gegen Fußball spielende Frauen. Bereits nach einem Jahr gaben die Fußballerinnen wieder auf. Erst 1954, nachdem die deutsche Nationalmannschaft der Männer die Fußball-Weltmeisterschaft gewonnen hatte, durften auch die Frauen wieder auf den Fußballplatz. Doch zum offiziellen Spielbetrieb waren sie nicht zugelassen. Wegen seiner „unweiblichen Rohheit", so befanden die Männer beim DFB, sei das Fußballspiel für Frauen ungeeignet.

Erst im Jahr 1970 war es dann endlich so weit: Der DFB erlaubte nun auch den Frauen offiziell das Fußballspielen. Seit 1974 gibt es eine Deutsche Meisterschaft, seit 1981 auch einen Pokalwettbewerb. Das Pokalfinale der Frauen findet seit einigen Jahren immer vor dem Finale der Männer im Berliner Olympiastadion statt. Im Jahr 2004 gewann der 1. FFC Turbine Potsdam mit 3:0 gegen den 1. FFC Frankfurt. Auch in der Frauen-Bundesliga konnten sich die Kickerinnen aus Potsdam den Titel vor den Frankfurterinnen sichern. Damit war die Erfolgssträhne Frankfurts durchbrochen, das in den fünf Jahren zuvor der erfolgreichste FFC („Frauenfußballclub") gewesen war.

In der Vereinsstatistik führt aber weiterhin die SSG 09 Bergisch Gladbach mit 8 Meistertiteln und 3 Pokalsiegen, gefolgt vom TSV Siegen mit 6 Meistertiteln und 5 Pokalsiegen. Alle Frauenmannschaften sind derzeit noch Amateure; eine Profiliga gibt es in Deutschland noch nicht.

Die USA sind bislang die erfolgreichste Nation im Frauenfußball. 1991 gewannen sie die erste WM in China, 1996 holten sie bei der Olympiade Gold, 1999 wurden sie im eigenen Land erneut Weltmeister. In den USA ist Frauenfußball viel beliebter als bei uns, seit 2001 gibt es dort sogar eine Profiliga. Während Männer sich im Profisport eher für Baseball, Basketball und American Football entscheiden, gilt Fußball als „Frauensache".

In Deutschland haben es die Frauen schwerer. Durchschnittlich kommen nur etwa 200 Zuschauer zu einem Spiel der Bundesliga. Dennoch zählt die deutsche Frauen-Nationalmannschaft international zur Spitze. 1995 wurde sie Vize-Weltmeister; bereits fünfmal holte sie sich den Europameister-Titel. 2003 wurden die deutschen Frauen sogar Weltmeister. Nach einem 3:0 im Halbfinale gegen den Favoriten USA gab es im Endspiel gegen Schweden einen 2:1-Sieg durch ein „Golden Goal". 26.000 Menschen im Stadion und zehn Millionen Fernsehzuschauer sahen den entscheidenden Treffer, den Nia Künzer in der 8. Minute der Verlängerung per Kopfstoß erzielte.

Die deutsche Nationalelf bejubelt den WM-Titel 2003 (in der Mitte mit Pokal: Rekordnationalspielerin Bettina Wiegmann). Bei Olympia 2004 in Athen gewann Deutschland nur Bronze, Gold ging an die USA.

1930 wurde in Frankfurt/Main die erste deutsche Frauen-Fußballmannschaft gegründet.

25

### DAS SPIELFELD

Alle Punkte, Linien und Felder auf einem Fußballfeld haben eine besondere Bedeutung und sind in ihren Maßen festgelegt. Nur die Größe eines Spielfeldes kann unterschiedlich sein. Es darf eine Länge von 90 bis 120 Metern und eine Breite von 45 bis 90 Metern haben. Die Normalgröße beträgt 105 Meter in der Länge und 68 bis 70 Meter in der Breite.

### TORAUSLINIE

Wird der Ball von der verteidigenden Mannschaft neben oder über das eigene Tor ins „Aus" gespielt, so gibt es Eckball für die gegnerische Mannschaft. Schießt ein Spieler der angreifenden Mannschaft den Ball ins „Aus", so wird der Ball durch Abstoß wieder ins Spiel gebracht.

### ABSTOSS

Der Abstoß wird von einem Spieler der verteidigenden Mannschaft von irgendeinem Punkt innerhalb des Torraumes ausgeführt. Der Ball muss mindestens über die Strafraumgrenze hinausgeschossen werden. Alle gegnerischen Spieler müssen sich dabei außerhalb des Strafraums aufhalten.

### ECKSTOSS

Der Eckstoß erfolgt von dem Eckraum aus, der der Stelle am nächsten liegt, an der der Ball ins „Aus" gegangen ist. Der Ball wird in den Viertelkreis der Ecke gelegt und ins Feld geschossen. Die Spieler der verteidigenden Mannschaft müssen beim Eckstoß einen Abstand von mindestens 9,15 Metern zum Ball einhalten.

### IN DER COACHING ZONE

(oder „technischen Zone") rund um die Ersatzbank halten sich Trainer, Betreuer und Auswechselspieler während eines Spiels auf. Sie dürfen diesen Bereich nur in Ausnahmefällen verlassen. Der so genannte vierte Offizielle, eine Art Zusatzschiedsrichter, wacht darüber, dass sich die Personen in der technischen Zone nicht ungebührlich benehmen.

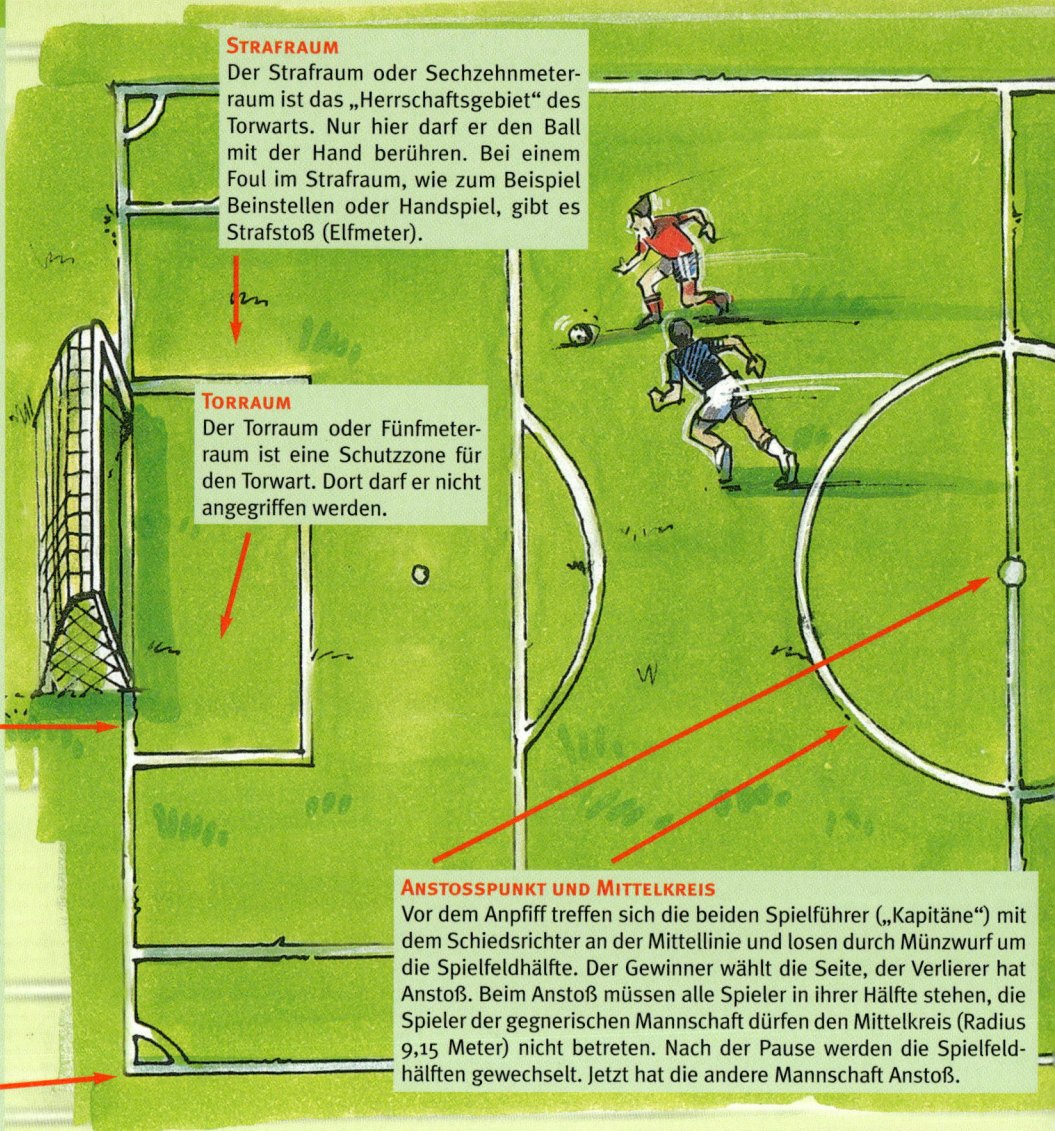

### STRAFRAUM

Der Strafraum oder Sechzehnmeterraum ist das „Herrschaftsgebiet" des Torwarts. Nur hier darf er den Ball mit der Hand berühren. Bei einem Foul im Strafraum, wie zum Beispiel Beinstellen oder Handspiel, gibt es Strafstoß (Elfmeter).

### TORRAUM

Der Torraum oder Fünfmeterraum ist eine Schutzzone für den Torwart. Dort darf er nicht angegriffen werden.

### ANSTOSSPUNKT UND MITTELKREIS

Vor dem Anpfiff treffen sich die beiden Spielführer („Kapitäne") mit dem Schiedsrichter an der Mittellinie und losen durch Münzwurf um die Spielfeldhälfte. Der Gewinner wählt die Seite, der Verlierer hat Anstoß. Beim Anstoß müssen alle Spieler in ihrer Hälfte stehen, die Spieler der gegnerischen Mannschaft dürfen den Mittelkreis (Radius 9,15 Meter) nicht betreten. Nach der Pause werden die Spielfeldhälften gewechselt. Jetzt hat die andere Mannschaft Anstoß.

# Die Regeln

Ohne Regeln gäbe es kein Fußballspiel. Erst durch die Regeln, die der englische Fußballverband im Jahr 1863 erstmals festlegte, wurde eine Abgrenzung zu anderen Spielformen, wie zum Beispiel dem Rugby, möglich. Darüber hinaus stellen sie sicher, dass das Fußballspiel überall auf der Welt in gleicher Weise durchgeführt wird. In den Vereinen Deutschlands wird nach denselben 17 Regeln gespielt wie in allen anderen Ländern, die sich dem Welt-Fußballverband (FIFA) angeschlossen haben.

**Was regeln die Regeln?**

Jeder Spieler muss die Regeln kennen und ist dazu angehalten, sie zu beachten. Wenn man einmal mit einer Entscheidung des Schiedsrichters unzufrieden ist, sollte man nie vergessen, dass ein Fußballspiel ohne einen „Wächter" über die Regeln gar nicht möglich wäre. Die Spieler würden sich ständig darüber streiten, was erlaubt ist und was nicht – und kämen dabei gar nicht mehr zum Fußballspielen.

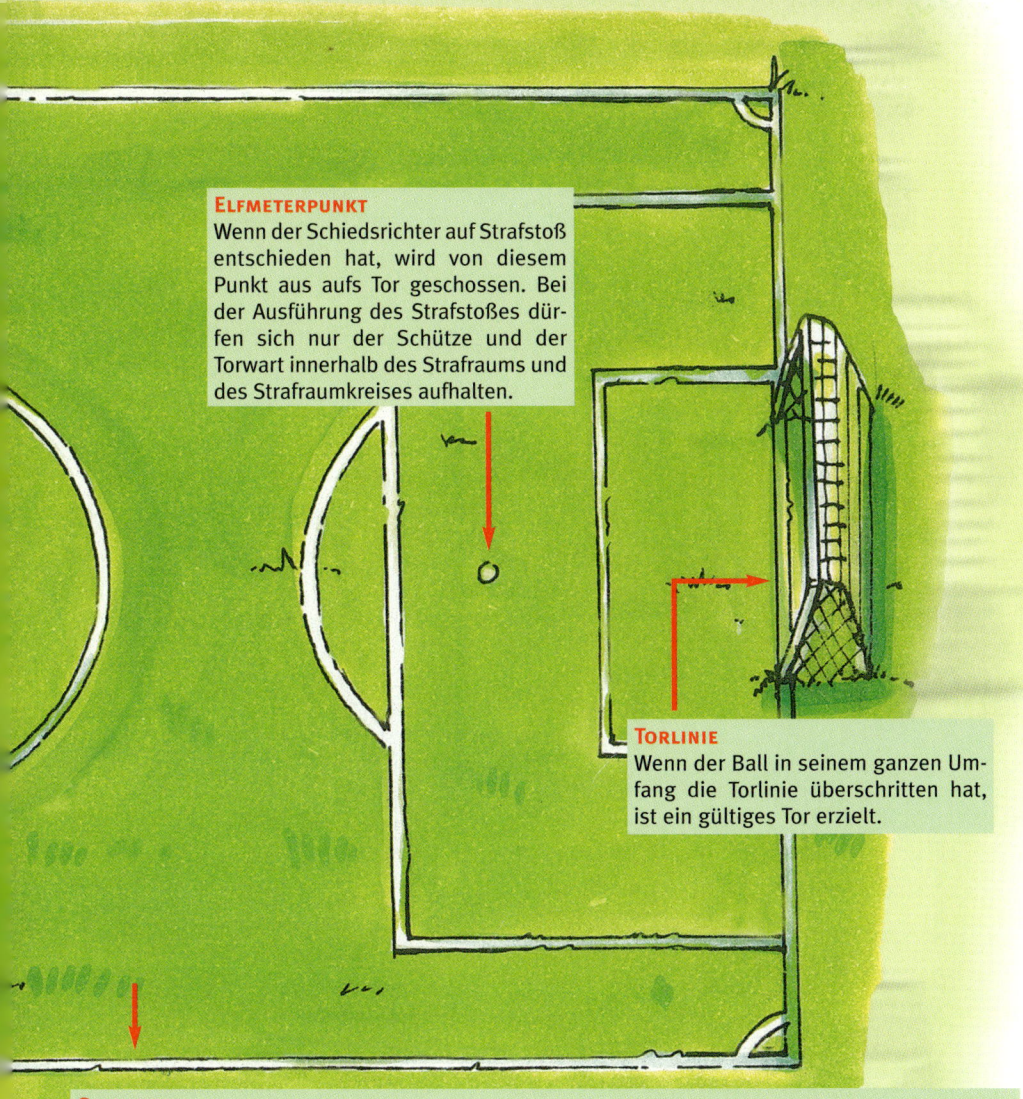

**ELFMETERPUNKT**
Wenn der Schiedsrichter auf Strafstoß entschieden hat, wird von diesem Punkt aus aufs Tor geschossen. Bei der Ausführung des Strafstoßes dürfen sich nur der Schütze und der Torwart innerhalb des Strafraums und des Strafraumkreises aufhalten.

**TORLINIE**
Wenn der Ball in seinem ganzen Umfang die Torlinie überschritten hat, ist ein gültiges Tor erzielt.

**SEITENLINIE**
Wenn der Ball in vollem Umfang die Seitenlinie überschritten hat, gibt es Einwurf. Der Einwurf wird von derjenigen Mannschaft ausgeführt, die den Ball vorher nicht berührt hat. Beim Einwurf muss der Ball mit beiden Händen von hinten über den Kopf ins Spielfeld geworfen werden. Beide Füße des Spielers müssen dabei auf oder hinter der Seitenlinie stehen bleiben. Wird der Einwurf nicht korrekt durchgeführt („falscher Einwurf"), erhält die gegnerische Mannschaft das Recht, einzuwerfen.

## Wie ändern sich die Regeln?

Die Regeln, die heute gelten, sind nicht mehr genau dieselben, die 1863 niedergeschrieben wurden. Immer wieder hat man sich Verbesserungen ausgedacht. Seit 1886 ist der „International Football Association Board" (IFAB), die internationale Regelbehörde, für alle Änderungen der Spielregeln zuständig. Sie tritt einmal im Jahr in London zusammen. Die Beschlüsse, die sie über das Regelwerk trifft, benötigen die Zustimmung von 75 Prozent der Stimmberechtigten.

Dem IFAB gehörten zunächst nur die vier britischen Landesverbände an (England, Schottland, Wales und Irland). Später durften vier weitere Mitgliedsländer der FIFA in den IFAB. Bis heute hat sich an dieser Zusammensetzung nichts geändert. Darin zeigt sich, dass die historische Rolle Großbritanniens bei der Entstehung des Spiels bis heute Berücksichtigung findet. Die Erfinder des Fußballs wachen noch immer über die Regeln des Spiels.

---

**IN DEN REGELN** sind nicht nur die Größe und die Markierungen des Spielfeldes festgelegt (Regel 1), sondern auch Ausmaß und Gewicht des Balles (Regel 2), die Zahl und die Ausrüstung der Spieler (Regel 3 und 4), die Aufgaben des Schiedsrichters (Regel 5 und 6), der Beginn und die Dauer des Spiels (Regel 7 und 8), wann der Ball aus dem Spiel und wann ein Tor erzielt ist (Regel 9 und 10), das Foulspiel, das mit Frei- und Strafstößen geahndet wird (Regel 12 bis 14), die Ausführung von Abstoß, Eckstoß und Einwurf (Regel 15 bis 17) sowie, als einzige wirklich komplizierte Vorschrift, das Abseits (Regel 11).

**WICHTIGE REGELÄNDERUNGEN SEIT 1863**

1864 – Hosen müssen über die Knie reichen
1870 – Begrenzung der Spielerzahl auf elf
1871 – Handspiel nur für Torwart möglich
1875 – Tore müssen eine Querlatte haben
1877 – Platzverweis für grobes Foul
1890 – Tornetze werden eingeführt
1891 – Elfmeter bei Foul im Strafraum
1925 – Änderung der Abseitsregel
1968 – Einwechslung von zwei Ersatzspielern
1970 – Gelbe Karte bei leichtem Foul
1992 – Rückpass zum Torwart wird verboten
1993 – Grätsche von hinten führt zu „Rot"
1995 – Einwechslung von drei Ersatzspielern

*Das Wembley-Tor:
Bei der WM 1966 gewann
England im Endspiel gegen
Deutschland mit 4:2. Bis heute umstritten ist das entscheidende dritte Tor der Engländer im Londoner Wembley-
Stadion. Der Ball sprang nach
Geoffrey Hursts Schuss von
der Latte nach unten. Aber
war er im Tor? Viele bestreiten
dies – obwohl jüngste Com-
puteranalysen bewiesen haben, dass der Ball tatsächlich
„drin" war.*

Der Gegenstand, um den sich alles dreht, ist der
Ball. Er muss ku-
gelförmig sein,
einen Umfang
von 68 bis 70
Zentimetern ha-
ben und 410 bis 450 Gramm schwer
sein. Der Jugendball (Ballgröße 4) ist
etwas kleiner und leichter (63,5 bis
66 Zentimeter groß und 350 bis 390
Gramm schwer). Für von der FIFA
durchgeführte Wettbewerbe dürfen
nur Bälle verwendet werden, die offiziell getestet wurden. So soll si-
chergestellt werden, dass alle Spiele
unter gleichen (Ball-)Bedingungen
stattfinden.

Heutige Bälle sind in der Regel
ganz aus Kunststoff und daher entsprechend standardisiert. In früheren
Zeiten konnten die Bälle, die in
Handarbeit aus Leder gefertigt wur-

### Wie muss ein Fußball beschaffen sein?

den, sehr unterschiedlich sein. Oft
gab es vor den Spielen Streit darüber, mit welchem Ball gespielt werden sollte. Jede Mannschaft hatte
einen bestimmten Ball, an den sie
gewöhnt war. So war oftmals bereits
der Beschluss, welchen Ball man be-
nutzte, nicht unwesentlich für den
Ausgang des Spiels. Denn die Mannschaft, die mit einem für sie unge-
wohnten Ball spielen musste, hatte
einen deutlichen Nachteil.

Nur bis zur E-Jugend wird auf
kleinere Tore
gespielt (2 Me-
ter hoch, 5 Me-
ter breit), ab
der D-Ju-
gend (10
Jahre) betragen die Tormaße
einheitlich 7,32 Meter in
der Breite und 2,44 Meter

### Wie groß muss ein Tor sein?

*Eindeutig drin war der Ball bei dem Tor, das
Jürgen Klinsmann am 31.7.1997 in Mönchen-
gladbach erzielte. Es war der letzte Bundesliga-
Treffer des Stürmers von Bayern München.*

in der Höhe. Diese etwas seltsam anmutenden Maße haben ihren Ursprung in den englischen Maßeinheiten Foot (30,48 Zentimeter) und Yard (0,9144 Meter). Die englischen Regeln legten die Torgröße auf 8 Feet Höhe (243,84 Zentimeter) und 8 Yards Breite (7,3152 Meter) fest. In offiziellen Spielen müssen die Maße auf den Zentimeter genau stimmen. 1997 war der FC Sion (Schweiz) gegen Spartak Moskau im UEFA-Cup ausgeschieden (0:1 zu Hause und 2:2 in Moskau) und legte Protest gegen die „zu kleinen russischen Tore" ein. Tatsächlich ergab sich, dass die Moskauer Tore nur 2,36 bzw. 2,32 Meter hoch waren. Es kam zum Wiederholungsspiel. Aber die größeren Tore nutzten nur Moskau. Es gewann mit 5:1.

Jeder Verein hat dafür zu sorgen, dass seine Tore in Ordnung sind. Früher, als die Tore noch aus Holz und nicht aus Metall waren, konnte Überraschendes passieren.
Am 3. April 1971 rutschte der Bremer Herbert Laumen auf dem Bökelberg in Mönchengladbach nach einem Sprint über die Torlinie der Gladbacher und verfing sich im Netz. Ein lautes Krachen – und das Tor brach zusammen. Das Spiel musste abgebrochen werden und wurde 2:0 für Bremen gewertet, weil die Gladbacher für das schadhafte Tor verantwortlich waren.

Hat ein Verteidiger den Ball ins eigene Tor befördert, dann hat er ein so genanntes Eigentor verschuldet. Nach einem Torerfolg hat die Mannschaft, die den Treffer nicht erzielt hat, Anstoß. Die Mannschaft, die am Ende des Spiels mehr Tore geschossen hat, hat gewonnen. Wenn kein Tor erzielt wurde oder beiden Teams gleich viele Tore gelungen sind, gilt das Spiel als unentschieden. Im Ligafußball erhält die siegreiche Mannschaft drei Punkte zugeschrieben, bei einem Unentschieden bekommt jede Mannschaft einen Punkt.

Weil es so schwer ist, den Ball mit Fuß oder Kopf am Torwart vorbeizubringen, fallen beim Fußball im Vergleich zu anderen Sportarten sehr wenig Tore. In der Bundesliga sind es im Schnitt etwa drei pro Spiel. Diesem Durchschnitt entspricht das 2:1 als häufigstes Spielergebnis. Das heißt: Die Mannschaft, die in einem Spiel zwei Treffer erzielt, hat eine sehr hohe Chance auf den Sieg.

Der Ball für die WM 2002. In speziellen Test-Centern werden Bälle wie dieser stundenlang gerubbelt, in Wasser getaucht, zusammengestaucht, von Robotern getreten und an die Wand geschleudert. Wenn sie all das überstanden und dabei die Form nicht verloren haben, dürfen sie mit dem FIFA-Stempel auf den Platz.

## Wann zählt ein Tor?

Ein Tor gilt dann als erzielt, wenn der Ball die Torlinie zwischen den Pfosten und unter der Querlatte mit vollem Umfang überquert hat. Dabei spielt es keine Rolle, von welcher Partei das Tor geschossen wurde.

Tor
kein Tor
kein Tor
kein Tor

Solange der Ball die Linie nicht mit vollem Umfang überquert hat, ist kein Tor erzielt!

*Die berühmte Elf, die 1954 den ersten WM-Titel für Deutschland gewann (v.l.n.r.): Fritz Walter (1. FC Kaiserslautern), Toni Turek (Fortuna Düsseldorf), Horst Eckel (Kaiserslautern), Helmut Rahn (Rot-Weiß Essen), Ottmar Walter, Werner Liebrich (beide Kaiserslautern), Karl Mai (SpVgg Fürth), Hans Schäfer (1. FC Köln), Werner Kohlmeyer (Kaiserslautern), Josef Posipal (Hamburger SV), Max Morlock (1. FC Nürnberg)*

*Bis zur E-Jugend besteht eine Fußballelf aus sieben Spielern.*

### Was ist eine Fußballelf?

Eine Fußballmannschaft besteht in der Regel aus zehn Feldspielern und einem Torwart. In jedem offiziellen Wettbewerb dürfen bis zu drei Spieler ausgewechselt werden. Die Auswechslung wird beim Schiedsrichter angemeldet und erfolgt immer auf der Höhe der Mittellinie. Darüber hinaus kann ein Spieler den Torwart ersetzen, wenn der Schiedsrichter dazu seine Erlaubnis gibt. Ein Spiel darf nicht angepfiffen oder fortgesetzt werden, wenn eine Mannschaft aus weniger als sieben Spielern besteht.

Woher die Idee kommt, dass eine Fußballmannschaft elf Spieler haben soll, weiß man nicht genau. Klar ist aber, dass jeder Spieler in einer Elf eine bestimmte Aufgabe hat, je nachdem, auf welcher Spielposition er eingesetzt ist. Der Torwart ist der letzte Mann und der Einzige, der den Ball mit der Hand berühren darf. Vor ihm sind die Abwehrspieler postiert. Sie haben die Aufgabe, Tore des Gegners zu verhindern. Vorne sind die Stürmer aufgestellt, die Tore erzielen sollen. Und dazwischen, als Verbindung von Abwehr und Sturm, stehen die Mittelfeldspieler, die sowohl im Angriff wie in der Verteidigung Aufgaben übernehmen.

*Ein Spieler wird ausgewechselt. Beim Verlassen des Platzes wünscht er seinem „Ersatzmann" viel Glück.*

## Welche Ausrüstung benötigen Fußballspieler?

Neben einem lang- oder kurzärmeligen Trikot tragen Fußballspieler eine kurze Sporthose und Stutzen. Im Spiel müssen die Mannschaften verschiedene Farben tragen. Dabei unterscheiden sich die Trikots der Torhüter farblich von denen aller anderen Spieler und dem des Schiedsrichters. Im Wettkampf muss jeder Spieler, auch der Torwart, unter den Stutzen Schienbeinschoner tragen, um Verletzungen vorzubeugen. Denn im Kampfgetümmel kann es sehr schnell passieren, dass man einmal nicht den Ball, sondern das Schienbein des Gegners trifft.

Das Wichtigste aber sind die Fußballschuhe. Unter den Sohlen sind Gumminocken (vor allem für harte, trockene Böden) oder auswechselbare Schraubstollen angebracht, die auf weichen, matschigen Plätzen festen Halt geben. Moderne Schuhe sind auch an der Oberseite speziell geformt. Das soll ermöglichen, dass man den Ball schärfer schießen und zugleich die Schussbahn besser kontrollieren kann.

*Die deutsche Nationalelf vor der Verlängerung des Halbfinales gegen England bei der EM 1996. Das Spiel stand 1:1, in der Verlängerung fielen keine Tore mehr. Es kam zum Elfmeterschießen, das Deutschland mit 6:5 gewann.*

## Wie lange dauert ein Fußballspiel?

Die Spieldauer beim Fußball ist je nach Alter verschieden. Die F-Jugend (bis 8 Jahre) spielt 2 x 20 Minuten. Von Altersklasse zu Altersklasse steigert sich die Spieldauer um je 2 x 5 Minuten, bis in der A-Jugend die normale Spielzeit erreicht ist. Bei der A-Jugend und den Erwachsenen (Senioren) beträgt sie 2 x 45 Minuten.

Es wird in zwei Abschnitten (Halbzeiten) gespielt; dazwischen gibt es eine kurze Erholungspause. Wird das Spiel durch Verletzungen oder andere Unterbrechungen verzögert, kann der Schiedsrichter die verlorene Zeit nachholen lassen („Nachspielzeit"). Bei Profi-Wettbewerben wird die Nachspielzeit von Assistenten auf speziellen Tafeln angezeigt.

**VERLÄNGERUNG**

Entscheidungs- oder Pokalspiele, die nach der normalen Spielzeit unentschieden stehen, werden um 2 x 15 Minuten verlängert. Fällt auch in der Verlängerung keine Entscheidung, kommt es zum Elfmeterschießen. Vorübergehend galt die Regel, dass Spiele durch das erste in der Verlängerung erzielte Tor entschieden werden („Golden Goal" oder „Silver Goal", siehe S. 95).

*Moderne Fußballschuhe mit Nocken und ein Paar Schienbeinschoner*

## SCHIEDSRICHTER-BALL

Wenn ein Spiel zeitweilig unterbrochen werden musste, aber ohne einen Grund, der in den Spielregeln festgelegt ist, wird es mit einem Schiedsrichter-Ball fortgesetzt. Der Schiedsrichter lässt den Ball an der Stelle fallen, wo er sich bei der Unterbrechung des Spiels befand. Das Spiel ist fortgesetzt, wenn der Ball den Boden berührt.

*Aufforderung zum Fair Play: Jimmy Howcroft, Englands strengster Schiedsrichter in der Zeit nach dem Ersten Weltkrieg, bewirkt vor dem Beginn eines Spiels zwischen Notts County und Aston Villa eine freundschaftliche Geste zwischen den Kapitänen Billy Flint (links) und Frank Barson (rechts). Barson galt als einer der brutalsten Spieler dieser Zeit. Selbst im letzten Spiel seiner Karriere wurde er vom Platz gestellt.*

*Mit indirektem Freistoß wird das Sperren ohne Ball geahndet.*

### Was ist die Aufgabe des Schiedsrichters?

Ohne Schiedsrichter geht im Fußball gar nichts. Er ist der Leiter des Spiels und muss dafür sorgen, dass die Regeln eingehalten werden. Und nur er hat das Recht, ein Spiel bei Regelverstößen, schlechtem Wetter oder Störungen durch Zuschauer zu unterbrechen oder sogar abzubrechen.

Alle Entscheidungen des Schiedsrichters sind Tatsachenentscheidungen. Das heißt: Sie gelten selbst dann, wenn er sich geirrt hat. Es hat also gar keinen Zweck, sich darüber aufzuregen, wenn der Schiedsrichter ein Foul gepfiffen hat, obwohl es gar keines war. Was der Schiedsrichter pfeift, gilt ohne Wenn und Aber. Das ist auch gut so, denn sonst würde es nach jedem Pfiff Diskussionen geben. Und wer sich darüber aufregt, wenn der Schiedsrichter einmal danebenliegt, sollte immer daran denken, dass er seine Entscheidung in Sekundenschnelle treffen muss. Da können eben schon mal Fehler passieren.

Unterstützt wird der Schiedsrichter bei all seinen Entscheidungen durch zwei Assistenten (Linienrichter), die jeweils für eine Hälfte des Spielfelds zuständig sind. Sie verfolgen das Geschehen von den Seitenlinien aus und schwingen ihre Fähnchen, um anzuzeigen, wenn der Ball im „Aus" ist und welche Mannschaft den Einwurf, Eckstoß oder Abstoß auszuführen hat. Zu ihren wichtigsten Aufgaben gehört außerdem, dem Schiedsrichter Abseitssituationen zu melden.

### Was passiert, wenn der Schiedsrichter pfeift?

Die wichtigste Funktion des Schiedsrichters ist die Ahndung von Foulspiel und unsportlichem Betragen. Schwere Regelverstöße bestraft er mit direktem Freistoß (der Ball darf direkt aufs Tor geschossen werden), leichte mit indirektem Freistoß (der Ball muss vor dem Torschuss noch von einem weiteren Spieler berührt werden; dabei ist es egal, ob von einem Gegner oder von einem Mitspieler).

*Beinstellen führt zu einem direkten Freistoß.*

Ein Spieler verursacht zum Beispiel einen direkten Freistoß für die gegnerische Mannschaft, wenn er einen Gegner festhält, rempelt, stößt, anspringt, schlägt, tritt oder ihm ein Bein stellt. Einen direkten Freistoß gibt es außerdem auch bei Vergehen wie Anspucken oder absichtlichem Handspiel. Findet das Foul innerhalb des Strafraums statt, entscheidet der Schiedsrichter auf Strafstoß.

Ein indirekter Freistoß wird zum Beispiel verhängt, wenn ein Spieler den Lauf des Gegners behindert („Sperren ohne Ball") oder durch eine Aktion – etwa einen Fallrückzieher im Gedränge vor dem Tor – die Gesundheit des Gegners gefährdet („gefährliches Spiel"). Außerdem

_Rote Karte für Christian Wörns im Viertelfinale der WM 1998 gegen Kroatien. Deutschland verlor mit 0:3._

gibt es indirekten Freistoß, wenn der Torwart innerhalb seines Strafraums den Ball länger als sechs Sekunden festhält oder einen Ball mit der Hand aufnimmt, der ihm von einem Mitspieler absichtlich mit dem Fuß zugespielt wurde.

### Wann zeigt der Schiedsrichter Gelb oder Rot?

Das unsportliche Verhalten eines Spielers kann zusätzlich zum Freistoß auch mit einer persönlichen Strafe geahndet werden. Mit einer gelben Karte wird zum Beispiel wiederholtes Foulspiel, das Vortäuschen eines Fouls („Schwalbe"), absichtliches Verzögern des Spiels oder Meckern gegen eine Entscheidung des Schiedsrichters bestraft. Begeht ein Spieler mehrere gelb-würdige Vergehen nacheinander, zeigt der Schiedsrichter die gelbrote Karte („Ampelkarte"), die einen Platzverweis zur Folge hat. Im Jugendfußball kann er den Täter vorher auch noch für fünf oder zehn Minuten vom Platz stellen (Zeitstrafe).

Bei Verstößen, die mit Feldverweis geahndet werden, gibt es die rote Karte. Ein Feldverweis ist immer dann fällig, wenn ein Spieler seinen Gegner absichtlich tritt oder schlägt („Tätlichkeit"), sich unsportlich verhält (z.B. Anspucken, Beleidigungen) oder eine Torchance des Gegners durch absichtliches Handspiel oder ein Foul („Notbremse") verhindert.

Wenn es ein Foul gegeben hat, die angreifende Mannschaft aber durch einen Pfiff an einer guten Chance gehindert würde, lässt der Schiedsrichter die Vorteilsregel gelten. Er rudert dann mit den Armen, um zu zeigen: „Weiterspielen!"

_Direkter Freistoß_

_Indirekter Freistoß_

_Weiterspielen_

### SPERRE

Hat ein Spieler während eines Wettbewerbs (Meisterschaft, Pokal) mehrere gelbe Karten erhalten, so kann er für ein folgendes Spiel gesperrt werden. Bei der gelbroten Karte ist der Spieler ebenfalls für das nächste Spiel gesperrt. Die rote Karte hat je nach Schwere des Fouls eine Sperre für ein oder mehrere Spiele zur Folge.

*Wenn der Schiedsrichter-Assistent die Fahne nach oben hält, zeigt er damit meist eine Abseitssituation an. Oft pfeift dann im Stadion das Publikum – wenn sich die Entscheidung gegen die eigene Mannschaft richtet.*

### KEIN ABSEITS

In einigen Fällen ist die Abseitsregel außer Kraft gesetzt. Kein Abseits liegt vor, wenn ein Spieler den Ball in seiner eigenen Spielhälfte zugespielt bekommt oder direkt von einem Abstoß, einem Einwurf oder einem Eckstoß erhält.

*Abseits: A schlägt einen Pass zu B. B ist abseits, weil er sich vor A befindet und weil sich im Augenblick, als ihm der Ball von A zugespielt wird, nur noch ein Gegner, nämlich der Torwart, zwischen ihm und der Torlinie befindet.*

Die Abseitsregel ist diejenige Fußballregel, die am schwierigsten zu erklären ist. Selbst Fußballprofis tun sich schwer

## Wann ist ein Spieler im Abseits?

damit, diese Regel so darzustellen, dass man sie auf Anhieb verstehen kann. Um zu begreifen, was mit „Abseits" gemeint ist, sollte man sich daher auch die Zeichnungen auf dieser Seite genau anschauen.

Ein Spieler befindet sich dann in einer Abseitsstellung, wenn er der gegnerischen Torlinie näher ist als der Ball und sich nicht mehr als ein Gegenspieler in dem Raum zwischen ihm und der Torlinie befindet. Die Abseitsstellung selbst ist noch nicht strafbar. Der Schiedsrichter pfeift erst dann, wenn der Ball dem im Abseits stehenden Spieler von einem Mannschaftskollegen zugespielt wird.

Entscheidend ist dabei der Moment der Ballabgabe durch den Mitspieler: Eine Regelübertretung liegt nur dann vor, wenn der Ball, der dem im Abseits stehenden Spieler zugespielt werden soll, den Fuß seines Mitspielers noch nicht verlassen hat. Nach jeder in diesem Sinn strafbaren Abseitsstellung verhängt der Schiedsrichter einen indirekten Freistoß für die gegnerische Mannschaft, und zwar an der Stelle, wo sich der Verstoß ereignete.

Begibt sich ein Spieler erst nach der Ballabgabe in eine Abseitsstellung – also dann, wenn der Ball den Fuß seines Mitspielers bereits verlassen hat und gerade „unterwegs" ist –, so liegt keine

Regelübertretung vor. Dasselbe gilt, wenn sich der Spieler bei der Ballabgabe auf gleicher Höhe mit dem – von der gegnerischen Torlinie aus betrachtet – vorletzten Abwehrspieler des Gegners befindet.

Wie wichtig die Abseitsregel für den Ablauf des Fußballspiels

## Warum ist die Abseitsregel so wichtig?

ist, kann man sich anhand eines Vergleichs mit Handball und Basketball klarmachen. Diese beiden Spiele kennen keine Abseitsregel. Deswegen läuft dort das Spiel vor allem vor dem Tor bzw. unter dem Korb ab. Der Raum zwischen den Toren, das Mittelfeld, hat für den Ablauf des Spiels kaum eine Bedeutung. Ganz anders ist es beim Fußball. Weil sie eine Abseitsstellung vermeiden müssen, können die Angreifer nicht einfach vor dem Tor des Gegners auf den Ball warten. Daher müssen die entscheidenden Aktionen, die später zu Torchancen führen, bereits im Mittelfeld eingeleitet werden.

Durch die Abseitsregel bekommt der Fußball eine gewisse Ähnlichkeit mit dem Schachspiel. Eine Mannschaft, die im Fußball ein Tor erzielen will, muss kluge Spielzüge ersinnen, mit denen die Abwehr des Gegners überlistet werden kann. Um nicht aus Versehen ins Abseits zu laufen, müssen die Angreifer die Verteidiger des Gegners ständig im Auge behalten. Die einen müssen im richtigen Moment den Ball abgeben und die anderen müssen im richtigen Moment nach vorne laufen, den Ball annehmen und aufs Tor schießen.

B

A

Nach der Änderung der
Abseitsregel im Jahr 1925
stellte Dixie Dean, Stürmer
des FC Everton, einen sagen-
haften Torrekord auf. In der
Saison 1927/28 erzielte er in
39 Spielen 60 Tore.

Kein Abseits: A schlägt einen
Pass zu B, der von Position 1
zu Position 2 läuft, um den
Ball anzunehmen. B ist nicht
abseits, weil er sich in dem
Moment, in dem A den Ball
berührt (Ballabgabe), nicht in
einer Abseitsstellung befindet. Er steht nicht näher bei
der gegnerischen Torlinie
als zwei Gegenspieler.

## ALTE ABSEITSREGEL

Nach der ersten Abseits-
regel, die bis 1925 gültig
war, befand sich ein Spieler
im Abseits, wenn er der
gegnerischen Torlinie im
Moment der Ballabgabe
näher war als die drei letzten
Abwehrspieler der verteidigenden Mannschaft. Um
nicht ins Abseits zu laufen,
mussten die Stürmer also
statt auf zwei, wie heutzutage, auf drei Gegner achten.
Das ist natürlich ziemlich
schwierig, und deshalb gab
es damals in manchen Spielen der englischen Liga bis
zu 40 Abseitsentscheidun-
gen. Die Stürmer kamen
praktisch gar nicht mehr vor
das Tor des Gegners, und es
gab kaum Treffer. Nach der
Regeländerung verringerte
sich die Zahl der Abseitspfif-
fe erheblich und gleichzeitig
hatten die Stürmer nun viel
mehr Torchancen.

## EINE REGELÜBER-

TRETUNG kann auch vor-
liegen, ohne dass der im
Abseits stehende Spieler den
Ball berührt. Wenn ein Spieler in Abseitsposition aktiv
ins Spiel eingreift, indem er
zum Beispiel dem Torwart
den Weg versperrt und
dadurch seiner Mannschaft
das Erzielen eines Tores
ermöglicht, wird das Tor
vom Schiedsrichter nicht
gegeben. Das Spiel wird mit
einem indirekten Freistoß für
die benachteiligte Mann-
schaft fortgesetzt.

*So wird ein Ball mit dem Oberschenkel gestoppt.*

# Technik

*Der Portugiese Eusebio, 1968 und 1973 bester Torschütze in Europa, jongliert gekonnt mit dem Ball.*

Ein guter Fußballer muss die Fähigkeit haben, mit dem Ball zu machen, was er will. Früher, als die Bälle noch aus Leder waren und keiner dem anderen glich, hatten die Spieler ein sehr intensives Verhältnis zum Ball. Fritz Walter, der ehemalige Kapitän der deutschen Nationalmannschaft, behauptete, dass ein „schlechter" Ball nicht mitspiele: „Er sang nicht, er ließ sich nicht streicheln, er war nicht Kamerad und Freund des Spielers, sondern ein Fremder." Bis einem der Umgang mit dem Ball vertraut wird, dauert es einige Zeit.

## Wie wird der Ball zum Freund?

Man muss immer wieder üben, um das richtige Ballgefühl zu bekommen und das Einmaleins des Fußballspiels zu lernen.

Eine gute Übung zur Ballbeherrschung ist zum Beispiel das Jonglieren. Dabei wird der Ball mit der Fußsohle nach hinten gezogen und dann auf die Oberseite des Fußes, den Spann, genommen. Nun kann man mit ihm jonglieren – von einem Fuß auf den anderen, dann nimmt man die Oberschenkel dazu, und wenn man ganz gut ist, sogar den Kopf.

## Wie stoppt und kontrolliert man den Ball?

Bevor man mit dem Ball laufen, einen Pass auf einen Mitspieler geben oder aufs Tor schießen kann, muss man ihn sicher annehmen und kontrollieren können – egal, ob er hoch oder flach angeflogen kommt. Der Ball kann mit der Außenseite des Fußes oder mit der Sohle gestoppt werden, doch im Normalfall benutzt man dazu die Innenseite des Fußes. Dabei wird der Fuß dem heranrollenden Ball entgegengeführt und noch vor dem Moment des Auftreffens im richtigen Tempo wieder zurückgenommen. So wird die Wucht des ankommenden Balles abgefedert, und er springt nicht weg. Bei Könnern sieht es beinahe so aus, als bliebe der Ball am Fuß kleben.

Ähnlich funktioniert auch eine Annahme aus der Luft. Wenn man viel übt, kann man den Ball mit der

Hohe Bälle können auch mit der Innenseite des Fußes „heruntergepflückt" werden.

Flache Bälle werden meist mit der Innenseite gestoppt.

Gar nicht so einfach: die Ballannahme mit der Brust.

Oberseite des Fußes richtig „auffangen": Er bleibt liegen, als wäre er in Butter gefallen. Hohe Bälle können auch mit der Brust, halbhohe mit dem Oberschenkel gestoppt werden. Dabei muss man ebenfalls die Eigenbewegung des Balles aufnehmen. Mit viel Übung kann man den Ball am Körper sanft „abtropfen" lassen.

Beim Fußball genügt es nicht, den Ball nur an Ort und Stelle zu kontrollieren. Fußball ist ja ein Laufspiel, bei dem der Ball meistens in der Bewegung mitgenommen werden muss. Bevor man ihn an einen Mitspieler weiterleiten kann, muss man selbst oft größere Strecken mit ihm zurücklegen.

> **Was ist ein Dribbling?**

Im Spiel müssen die Bälle oft im Lauf angenommen werden. Dann kann man ein Dribbling starten oder den Ball zu einem Mitspieler weitergeben.

Die wichtigste Technik, die man dazu braucht, ist das „Dribbeln" (vom englischen Wort „to dribble", was so viel heißt wie „tröpfeln lassen"). Beim Dribbeln treibt man den Ball im Laufen mit kurzen Stößen vor sich her. Dabei kann der Ball sowohl mit der Innenseite des Fußes als auch mit der Außenseite oder mit dem Spann geführt werden. Sichere Ballkontrolle hat man erreicht, wenn man den Ball mit beiden Füßen so eng führen kann, dass der angreifende Gegner praktisch keine Chance mehr hat, ihn „wegzuspitzeln". Ein perfekter Dribbler ist in der Lage, den Ball blind zu kontrollieren. Dadurch hat er den Vorteil, dass er das Geschehen auf dem Spielfeld immer im Auge behalten kann.

Franz Beckenbauer führt vor, wie man einen hohen Ball stoppt.

Beim Dribbling muss der Ball immer eng am Fuß bleiben.

3. 2. 1.

*Perfekte Schusstechnik: Mehmet Scholl (FC Bayern München) schlägt einen Pass mit dem Innenspann.*

## KOPFBALL

**Beim Kopfball (unten im Bild) muss man im richtigen Augenblick hochspringen, den Oberkörper wie einen Bogen nach hinten spannen und dann mit dem Kopf schlagartig nach vorne schnellen. Der Ball muss möglichst frontal mit der Stirn getroffen werden, und zwar genau dann, wenn man den höchsten Punkt des Sprunges erreicht hat.**

**Warum darf man nicht mit der Fußspitze schießen?**

Fast alle Fußball-Anfänger spielen den Ball zunächst mit der Fußspitze. Doch diese Stoßtechnik ist falsch, weil sie nur völlig unberechenbare Schüsse erlaubt. Das richtige Schießen muss man erst lernen. Je nachdem, mit welcher Partie des Fußes geschossen wird (ob mit Innenseite, Innenspann, Vollspann oder Außenspann), spricht man von Innenseit-, Innenspann-, Vollspann- oder Außenspannstoß. Will man den Ball auf einen Mitspieler passen, benutzt man den Innen- und Außenspann, den Kurzpass spielt man mit der Innenseite. Wichtig für die sichere Ausführung aller Stöße ist, dass man das Standbein direkt neben den Ball stellt. Will man den Ball flach spielen, muss man den Oberkörper leicht nach vorn beugen.

Der Innenseitstoß ist die Grundlage des Fußballspiels. Dabei wird die Innenseite des Fußes gegen den Ball bewegt. Trifft man den Ball in seinem Zentrum, so sind sehr zielgenaue Stöße möglich. Während man mit der Innenseite meist kurze Pässe spielt, benutzt man für weite und schärfere Bälle den Innenspann.

▼ *Innenseite*

*Die Grundtechnik des Fußballspiels ist der Stoß mit der Innenseite. So werden die meisten Pässe gespielt.*

*Manfred Kaltz, Offensivverteidiger des HSV mit 581 Bundesligaeinsätzen, war berühmt für seine gefährlich angeschnittenen „Bananenflanken".*

Den Vollspann verwendet man vor allem, wenn man den Ball wuchtig und gerade aufs Tor schießen will. Dabei kommt es weniger auf die Kraft als auf die richtige Technik an. Für einen sicheren Stoß muss man den Fuß so weit nach unten drücken, dass er mit dem Schienbein fast eine Gerade bildet. Dann muss der Ball, bei fixiertem Fußgelenk, möglichst mit der ganzen Schnürung des Schuhs getroffen werden.

Nach einem Schuss drehen sich

**Was sind Effet, Volley und Dropkick?**

Bälle oft um die Kurve – manchmal, ohne dass man das beabsichtigt hat. Die Erklärung dafür: Wenn man den Ball mit dem Innen- oder Außenspann spielt und dabei nicht genau im Zentrum trifft, sondern nur an der Außenseite „anschrammt", wird er in eine Eigendrehung („Drall") versetzt. Solche „angeschnittenen" Bälle bekommen „Effet": Sie fliegen nicht mehr auf einer geraden, sondern auf einer gebogenen Bahn.

Der Ausdruck „Effet" war früher nur beim Billard gebräuchlich. Des-

halb hämmerte der ungarische Trainer Gyuri Orth seinen Spielern immer wieder ein: „Ball muss für guten Fußballspieler sein wie Kugel für Billardspieler. Also kann ich auch schießen und flanken mit Effet." Effetbälle werden vor allem bei Eckstößen und Flanken geschlagen. Besonders gefährlich sind sie bei Freistößen, wenn der Schütze den Ball an den Gegnern vorbeizirkelt.

Manchmal bietet es sich an, einen hoch heranfliegenden Ball direkt aus der Luft zu nehmen und zu schießen, bevor er den Boden berührt hat. Einen solchen Schuss nennt man „Volley". Ist der Ball vorher auf dem Boden aufgekommen und der Spieler trifft ihn genau im Moment des Abprallens, spricht man von „Dropkick" (vom englischen Wort „to drop": tropfen).

*Mit diesen Partien des Fußes wird der Ball geschossen. Die Fußspitze sollte nicht verwendet werden.*

*So funktioniert der Schuss mit dem Außenspann. Er eignet sich besonders für elegante Heber („Schlenzer").*

*Beim kraftvollen Torschuss wird der Ball mit dem Vollspann gespielt.*

*Der Innenspannstoß eignet sich für lange Pässe und Effet-Schüsse. Beim Effet wird der Ball seitlich getroffen und dadurch so angeschnitten, dass er fast „um die Kurve" fliegt.*

Oliver Kahn (Bayern München) hält konzentriert den Ball fest. In den Jahren 2001 und 2002 ernannte ihn eine internationale Expertenkommission zum besten Torhüter der Welt.

So wird der Ball gefangen und anschließend an der Brust gesichert.

Situationen aufmerksam. Schließlich hat er von hinten den besten Überblick. Wichtig ist auch, dass er immer die Ruhe bewahrt. Wenn der „letzte Mann" nervös ist, kann das die ganze Mannschaft verunsichern.

Ein guter Torwart beherrscht jedoch nicht nur Techniken wie das Fangen und Fausten. Er ist nicht nur dazu da, Tore zu verhindern, sondern er ist auch der erste Spieler, der die Angriffe seiner Mannschaft einleitet. Wenn er den Ball gefangen hat, muss er ihn einem frei stehenden Mitspieler zuwerfen oder aber mit einem weiten Abschlag sofort wieder Gefahr vor das gegnerische Tor bringen.

**Was muss ein Torwart können?**

Der Torwart hat eine sehr schwierige Aufgabe. Als „letzter Mann" ist er der Einzige, der Fehler seiner Mitspieler noch ausbügeln kann. Greift er allerdings selbst einmal daneben, gibt es meist ein Tor. Als Torwart muss man über eine ausgereifte Fangtechnik, ein gutes Stellungsspiel und nicht zuletzt über eine große Portion Mut verfügen. Nur wer sich traut, sich ins Spielergetümmel vor dem Tor zu werfen, kann seinen Strafraum beherrschen. Der Torwart dirigiert bei einem Freistoß die Mauer und macht seine Verteidiger auf gefährliche

**Wie fängt und faustet man einen Ball?**

Grundlage des Torwartspiels ist das Fangen. Bei flachen Bällen geht der Keeper leicht in die Knie und führt die Hände mit gespreizten Fingern dem Ball entgegen. Dabei muss sich der Körper immer hinter dem Ball befinden und die Beine sollten geschlossen sein, denn sonst könnte der Ball leicht hindurchrollen. Hat der Torwart den

*So werden flache Bälle sicher aufgenommen.*

Ball aufgenommen, drückt er ihn an die Brust und umschließt ihn fest mit Händen und Armen. So ist er sicher unter Kontrolle. Bei halbhohen Bällen sollten Hände und Unterarme den Ball wie eine Schaufel aufnehmen. Wenn man den Oberkörper etwas nach vorn beugt, den Bauch einzieht und den Rücken rund macht, entsteht eine „Höhle", in der man den Ball sicher „verstecken" kann. Bei hohen Bällen muss der Torwart oft nach dem Ball hechten. Wenn er mit Daumen und Zeigefinger ein Dreieck bildet, kann er den Ball „herunterpflücken" und anschließend an der Brust sichern.

Bei besonders scharfen und schwierigen Bällen ist es oft schwer, den Ball sicher zu fangen. Dann sollte ihn der Torwart besser wegfausten. Dabei reißt er die geballten Fäuste vor der Brust hoch und befördert den Ball mit einem Stoß aus der Gefahrenzone. Auf zwei Dinge muss er dabei achten: dass der Daumen nicht innen ist (Verletzungsgefahr) und dass er den Ball genau in der Mitte trifft, denn nur dann prallt er kontrolliert ab. Schüsse, die weder gefangen noch gefaustet werden können, lenkt der Torwart mit den Handflächen über die Latte oder am Pfosten vorbei.

## Wann muss der Torwart herauslaufen?

Gute Torhüter zeichnen sich nicht nur dadurch aus, dass sie katzengleich durch die Luft fliegen und die Bälle aus dem Toreck fischen. Sie müssen außerdem ihren Strafraum beherrschen und Flanken außerhalb des Torraums sicher abfangen. Ein Torwart sollte auch nicht nur auf der Linie kleben. Kommt ein gegnerischer Stürmer auf ihn zu, muss er rechtzeitig herauslaufen und so den Schusswinkel verkürzen. Dann bleibt dem Gegner weniger Raum, das Leder an ihm vorbei ins Tor zu schieben. Manchmal kommt es sogar vor, dass der Torwart einen Angriff schon vor dem Strafraum mit dem Fuß abwehren muss.

Da der Torwart nach der Rückpassregel einen Ball, den ihm ein Verteidiger der eigenen Mannschaft absichtlich mit dem Fuß zugespielt hat, nicht mehr mit der Hand aufnehmen darf, ist es heutzutage wichtiger denn je, dass der Torwart auch ein sehr guter Fußballer ist. Denn er muss den Ball bei Rückpässen sicher mit dem Fuß kontrollieren und dann mit einem gezielten Pass zu einem seiner Mitspieler weiterleiten können.

*Er gilt als bester Torwart aller Zeiten: Lew Jaschin, der „schwarze Panther", der 78-mal für die russische Nationalmannschaft im Tor stand.*

*Läuft der Torwart dem Stürmer entgegen, verengt er den Schusswinkel und verringert so die Möglichkeit für einen erfolgreichen Schuss.*

*Klaus Augenthaler (Bayern München) ist mit sieben deutschen Meisterschaften der erfolgreichste Verteidiger der Bundesliga. Hier zeigt er ein perfektes Gleittackling.*

*So funktioniert das Tackling: Der Ball wird abgeblockt und über den Fuß des Gegners gedrückt. Oft gelingt es nicht beim ersten Versuch, dem Stürmer den Ball abzujagen. Dann muss man nachsetzen und es erneut probieren.*

**1.**

**2.**

**3.**

## Was muss ein Verteidiger können?

Die Abwehr einer Fußballmannschaft besteht aus Außenverteidigern und Innenverteidigern. Sie können auf einer Linie nebeneinander spielen („Kette") oder mit einer doppelten Sicherung in der Mitte, also mit Libero und Vorstopper.

Die Hauptaufgabe der Abwehr ist das Bewachen und Ausschalten („Decken") der gegnerischen Stürmer. Verteidiger müssen wendig und hart im Zweikampf sein, und auch das Kopfballspiel zur Abwehr von Flanken müssen sie gut beherrschen. Weil sie manchmal vom Trainer die Anweisung bekommen, den Gegner mit enger Deckung auszuschalten, nennt man sie auch „Manndecker". Jürgen Kohler (Borussia Dortmund) hat auf dieser Position jahrelang viele Gegner das Fürchten gelehrt.

Früher sollten Verteidiger ihren Gegenspieler auf Schritt und Tritt verfolgen, notfalls, so hieß es, „bis aufs Klo". Natürlich muss auch heute noch ein Verteidiger dem Stürmer nachsetzen, ihn am Toreschießen hindern und versuchen, ihm den Ball abzujagen. Doch im modernen Fußball müssen Verteidiger darüber hinaus auch jederzeit bereit sein, sich in den Angriff einzuschalten. Oft übernehmen die beiden Außenverteidiger die Rolle von Flügelstürmern. Sie stürmen an der Seitenlinie nach vorn und bereiten mit ihren Flanken Tore vor. Und die Innenverteidiger, die meist sehr kopfballstark sind, rücken bei Frei- und Eckstößen in den gegnerischen Strafraum vor und erzielen dabei nicht selten schöne Tore.

Die Grundtechnik der Abwehrspieler ist das „Tackling". Der Begriff kommt von dem englischen Wort „to tackle", was so viel wie „jemanden angreifen" bedeutet. Beim Tackling versucht der Verteidiger, den Gegner vom Ball zu trennen. Dabei stellt er sich, leicht vorgebeugt, dem Stürmer in den Weg und versucht, den Ball im richtigen Moment mit der Fußinnenseite abzublocken und über den Fuß des Gegners zu drücken. Wenn der Ball frei ist, setzt er ihm nach und geht mit ihm auf und davon.

### Was geschieht beim Tackling?

Ist dem Verteidiger das Tackling nicht gelungen, muss er dem Stürmer, der an ihm vorbeigedribbelt ist, sofort nachsetzen und einen neuen Angriff versuchen. Aber Vorsicht! Das Tackling von hinten ist seit 1993 verboten und wird als Foulspiel geahndet.

Riskant ist auch das Gleittackling. Bei dieser Technik versucht der Verteidiger, dem Angreifer den Ball durch seitliches Hineingrätschen vom Fuß zu spitzeln. Es ist nicht einfach, dabei gezielt den Ball und nicht die Beine des Gegners zu treffen. Die Verletzungsgefahr ist groß und der Pfiff des Schiedsrichters, der ein Foul gesehen hat, liegt immer in der Luft. Außerdem kann man den Ball leicht verfehlen. Dann liegt man am Boden, und der gegnerische Stürmer hat freie Bahn zum Tor.

Ein Abwehrspieler muss immer Ball und Gegner im Auge behalten. Nur so kann er zur rechten Zeit eingreifen. Wichtig ist dabei auch, dass er immer auf seine eigene Stellung zum Gegner achtet. Er sollte stets zwischen dem Angreifer und dem eigenen Tor stehen und versuchen, diesen zur Seitenlinie hin abzudrängen. Indem er darauf achtet, dass sein Weg zum eigenen Tor immer kürzer ist als der des Gegners, kann ein Verteidiger der Gefahr vorbeugen, überlaufen zu werden.

### Warum ist das Stellungsspiel in der Abwehr so wichtig?

Bei Flanken und Eckstößen, die im Strafraum vor dem Tor erwartet werden, sollte sich der Abwehrspieler seitlich hinter dem Stürmer aufhalten und stets mit ihm in Schulterkontakt bleiben. Es ist wichtig, die beste Ausgangsposition für die Kopfballabwehr zu erreichen. Überhaupt sollte der Verteidiger den Stürmer, wenn möglich, immer direkt bei der Ballannahme stören. Denn es ist leichter, den Ball zu erobern, wenn ihn der Stürmer noch nicht unter Kontrolle hat.

*Franz Beckenbauer, der elegante Libero der deutschen Nationalmannschaft in den 70er Jahren*

*Stellungsspiel: Der Verteidiger soll den Angreifer abschirmen und muss dabei stets darauf achten, dass er den kürzeren Weg zum eigenen Tor hat. Sein Ziel muss sein, den Stürmer zur Seitenlinie hin abzudrängen.*

### LIBERO

Früher hieß der letzte Mann in der Abwehrkette „Ausputzer". Er verließ seine Abwehrposition nie und hatte die Aufgabe, gefährliche Situationen durch Wegschlagen des Balles zu bereinigen. An seine Stelle trat später der „freie Mann", der Libero. Wie der „Ausputzer" hat auch er keinen direkten Gegenspieler und die Aufgabe, gefährliche Situationen im Strafraum zu bereinigen. Darüber hinaus soll er sich bei Ballbesitz aber auch spielgestaltend in den Angriff einschalten. Die Position des Liberos füllte niemand so perfekt aus wie Franz Beckenbauer, der bei seinen Ausflügen in die Offensive von Vorstopper Georg Schwarzenbeck zuverlässig abgesichert wurde.

*Das Trikot von Guido Buchwald (VfB Stuttgart), zuverlässiger Innenverteidiger und Weltmeister 1990, zeigt, wie dreckig die Abwehrarbeit sein kann.*

*Michel Platini, berühmter Spielmacher der französischen Nationalelf, führte seine Mannschaft 1984 zum Europameistertitel und schoss dabei neun Tore. Er ist der einzige Spieler, der dreimal nacheinander zu Europas Fußballer des Jahres gewählt wurde (1983–1985).*

## Welche Aufgaben haben die Mittelfeldspieler?

Die Mittelfeldspieler sind das Bindeglied zwischen Abwehr und Sturm. Sie haben offensive und defensive Aufgaben. Einerseits treiben sie den Ball nach vorn, versorgen die Stürmer mit Vorlagen und versuchen oft selbst einen Torschuss, andererseits helfen sie aber auch in der Verteidigung aus, wenn der Gegner in Ballbesitz ist.

Die zentralen Mittelfeldspieler müssen Spielsituationen sehr rasch erkennen und mit intelligenten Aktionen darauf reagieren können. Oft genügt bereits ein einziger guter Pass, um einem Mitspieler den Raum für einen Angriff auf das Tor des Gegners zu öffnen. Dabei sind die Spieler, die das Spiel mit genauen und weiten Pässen öffnen, natürlich abhängig von anderen, die sich richtig freilaufen und weite Wege gehen. Im Mittelfeld müssen oft lange Strecken ohne Ball zurückgelegt werden. Darum werden dort meist Spieler eingesetzt, die sehr schnell und konditionsstark sind.

Ein erfolgreiches Spiel im Mittelfeld hängt davon ab, dass möglichst immer ein Spieler der eigenen Mannschaft ungedeckt und damit frei für ein Anspiel ist. Trainer bezeichnen dies als „Überzahl schaffen".

Überzahl kann man natürlich nur dann schaffen, wenn viele Spieler viel laufen und auch Verteidiger mit nach vorn gehen, um sich zum Anspiel anzubieten. Rechtzeitig freilaufen und rechtzeitig abspielen: So kann man das Mittelfeld schnell und Kraft sparend überbrücken und den Ball gefährlich vor das Tor des Gegners bringen.

*Indem sie sich freilaufen, helfen Mittelfeldspieler sich gegenseitig und vermeiden Kraft raubende Zweikämpfe.*

Jede Mannschaft braucht einen zentralen Spieler, der den anderen Kommandos gibt und sie antreibt, der die Bälle verteilt und die entscheidenden Pässe spielt. Dieser Spieler „macht" sozusagen das Spiel, und man nennt ihn daher auch „Spielmacher". Weil er eine ähnliche Funktion hat wie der Filmregisseur für die Schauspieler oder der Dirigent für die Musiker, spricht man manchmal auch vom „Regisseur" oder „Dirigenten".

Spielmacher erkannte man früher an dem Trikot mit der Nummer 10. Der Erste, der dieses Trikot trug, war der Brasilianer Pelé. Die „10" trugen Günter Netzer, der wie kaum ein Zweiter weite Pässe schlagen konnte, und Diego Maradona, der Ballzauberer aus Argentinien. Berühmte Beispiele für Mittelfeld-Regisseure, die toll dribbeln, passen und schießen können, sind auch die Franzosen Michel Platini und Zinedine Zidane oder der Holländer Johan Cruyff.

Neben den Regisseuren darf man aber auch die „Regieassistenten" nicht vergessen. Es sind lauf- und konditionsstarke Spieler, die im Mittelfeld lange Wege gehen und die notwendigen Defensivaufgaben übernehmen. Solche Spieler, die sich den Spielmachern der Mannschaft

*Der einfachste Weg, einen Gegenspieler zu umspielen, ist der Doppelpass. Spieler A hat gerade zu einem frei stehenden Mitspieler gepasst. Nun läuft er schnell an seinem Gegenspieler vorbei, um den direkten Rückpass seines Mitspielers sofort wieder aufzunehmen.*

unterordnen und für sie Hilfsdienste leisten, nannte man früher „Wasserträger". Ein wertvoller Spieler dieser Art war zum Beispiel „Hacki" Wimmer, der in der deutschen Nationalelf, die 1972 Europameister wurde, für den eher „lauffaulen" Günter Netzer die Bälle durchs Mittelfeld schleppte. In der Mannschaft von Bayern München hatte 1999/2000 Jens Jeremies ein ähnliche Funktion. Zuverlässig unterstützte er seinen „Chef" Stefan Effenberg, damit dieser sein Fußball-Orchester in Ruhe dirigieren konnte.

*Diego Maradona, Weltmeister 1986, war in der Lage, allein eine ganze gegnerische Mannschaft auszuspielen.*

*Bobby Charlton, der Spielmacher des englischen Weltmeister-Teams von 1966, war viele Jahre lang der beste Fußballer Englands.*

*Stanley Matthews, der berühmte englische Rechtsaußen, hatte die wohl längste Profikarriere aller Zeiten. Er begann 1932 als 17-Jähriger bei Stoke City und beendete 1965 als 50-Jähriger seine Laufbahn.*

### TÄUSCHUNGEN, TRICKS UND FINTEN

**Um den Ball beim Dribbling am Gegner vorbeizubringen, sind Körpertäuschungen und Schussfinten (angetäuschte Schüsse) die wichtigsten Mittel. Ein berühmter Trick ist zum Beispiel der „Matthews-Trick", nach dem Engländer Stanley Matthews: Der ballführende Spieler täuscht links an und zieht dann, wenn der Gegner auf die angedeutete Bewegung reagiert, rechts vorbei. Ein anderer Trick ist der „Übersteiger", den der Brasilianer Garrincha zum ersten Mal gezeigt hat: Man „steigt" mit dem ballführenden Bein über den Ball und führt ihn dann mit demselben Bein in gleicher Richtung weiter.**

**1.**

## Was muss ein Stürmer können?

Der Sturm besteht aus Außenstürmern und dem Mittelstürmer. Die Position der Außenstürmer wird heute meistens von Mittelfeldspielern ausgefüllt, die mit nach vorn gehen. Sie sorgen mit ihren Flanken für Torvorlagen, während der Mittelstürmer im Strafraum lauert. Außenstürmer müssen vor allem trickreich sein, der Mittelstürmer dagegen soll vor allem viele Tore schießen. Von allen Stürmern jedoch wird erwartet, dass sie jederzeit anspielbar sind und je nach Spielsituation mit ihren Sturmpartnern die Positionen wechseln, um den Gegner zu verwirren.

An einen perfekten Stürmer werden hohe Anforderungen gestellt. Er soll kräftig sein und sich vor dem Tor körperlich gegen die Abwehr durchsetzen – wie Carsten Jancker – , er soll groß sein und per Kopf die Flanken verwerten können – wie Oliver Bierhoff –, er soll flink sein und den Verteidigern auf engstem Raum Knoten in die Beine dribbeln – wie Pierre Littbarski –, und er soll schnell sein und im Konterspiel die Abwehr des Gegners übersprinten – wie der Brasilianer Ronaldo. Mit seinem „Torriecher" soll er immer an der richtigen Stelle bereitstehen – wie Gerd Müller – und dann den Ball entweder mit Wucht unter die Latte hämmern – wie Uwe Seeler – oder aber sanft und gefühlvoll ins Eck heben – wie der Portugiese Figo.

Einen solchen Superstürmer, der all diese Anforderungen auf einmal

*Der Matthews-Trick: links antäuschen, rechts vorbeigehen.*

**2.**

erfüllen würde, gibt es natürlich im wirklichen Fußballerleben nicht. Es gibt unterschiedliche Typen, und für den Erfolg kommt es darauf an, dass sie sich gut ergänzen.

## Wann wird der Torschuss erfolgreich?

Es gibt eine Reihe komplizierter Schusstechniken, mit denen man wunderbare und spektakuläre Tore erzielen kann, doch sie gelingen nur selten (wie zum Beispiel Fallrückzieher, Hackentrick, Scherenschlag oder Hüftdrehstoß). Wichtiger als die Beherrschung solcher Kunststücke ist für einen Stürmer die Konzentration beim Schuss. Wenn er sich zu sehr vom Torwart ablenken lässt, schießt er diesen oft ungewollt an. Damit der Torschuss gelingt, muss man sich auf die „leere Stelle" im Tor konzentrieren. Mit den Worten „Ich sah nur Loch!" beschrieb einmal ein Schütze seinen Treffer und damit die Kunst der Torjäger vom Schlage

*Ein gekonnter Fallrückzieher des Schalker Stürmers Klaus Fischer. Keinem anderen Spieler gelangen auf diese Weise so viele Tore wie ihm. Sein Treffer zum 4:1 im Länderspiel gegen die Schweiz am 16.11.1977 wurde zum „Tor des Jahrzehnts" gewählt.*

eines Gerd Müller. Der Stürmer von Bayern München, der in seinen 62 Länderspielen unglaubliche 68 Tore schoss, hatte eine so unnachahmliche Art, mit plötzlichen Drehungen aus allen Lagen Tore zu schießen, dass die Journalisten ein neues Wort erfanden: Wenn der Ball wieder einmal im Netz zappelte, dann hatte es „gemüllert".

Bis heute haben es vier Stürmer geschafft, im Laufe ihrer Karriere mehr als tausend Tore zu schießen. Der erste war der Brasilianer Arthur Friedenreich im Jahr 1929. Insgesamt erzielte er 1329 Treffer. Der Österreicher „Bimbo" Binder (Rapid Wien) brachte es zwischen 1921 und 1950 auf 1006 Treffer. Ferencz Puskás, der Star der ungarischen Superelf in den 50er Jahren, soll mit seinem starken linken Fuß bis zu seinem Rücktritt 1965 1176 Tore geschossen haben.

Schnell und elegant: der brasilianische Stürmerstar Ronaldo, der eine ganze Reihe eigener Tricks erfand.

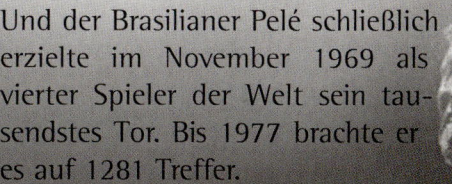

Und der Brasilianer Pelé schließlich erzielte im November 1969 als vierter Spieler der Welt sein tausendstes Tor. Bis 1977 brachte er es auf 1281 Treffer.

Der Algerier Madjer vom FC Porto erzielte im Europapokal-Endspiel 1987 gegen Bayern München ein Tor mit der Hacke.

Die Entscheidung im Europameisterschafts-Finale 1980: Horst Hrubesch köpft das 2:1 gegen Belgien. Er versetzte die gegnerischen Abwehrreihen oft so in Schrecken, dass man ihm den Spitznamen „das Kopfball-Ungeheuer" verpasste.

# Taktik

*Bayern Münchens Trainer Ottmar Hitzfeld ändert die Taktik oft. Im Endspiel der Champions League 2001 gegen Valencia, das nach der Verlängerung immer noch 1:1 stand und erst im Elfmeterschießen von den Bayern entschieden werden konnte, ließ er ein 3-4-3-System spielen: drei Verteidiger, vier Mittelfeldspieler und drei Stürmer. Mit fünf deutschen Meistertiteln (drei für Bayern und zwei für Dortmund) und zwei Champions League-Siegen (einer für Dortmund und einer für Bayern) ist er einer der erfolgreichsten Trainer überhaupt.*

## Was ist Taktik?

Einer allein kann beim Mannschaftsspiel Fußball nichts ausrichten. Deshalb ist neben Technik und Kondition die Taktik die dritte Säule des erfolgreichen Fußballspiels. Taktik, das bedeutet übersetzt „Kunst der Anordnung", meint das kluge und zweckmäßige Verhalten des einzelnen Spielers innerhalb der Mannschaft. Je schneller und besser das Zusammenspiel funktioniert, desto schwerer hat es der Gegner.

Taktiken können unterschiedlich ausgerichtet sein, je nachdem, ob man offensiv oder defensiv spielen will, ob man die Raum- oder die Manndeckung bevorzugt, ob das Mittelfeld die Stürmer mit langen Pässen oder durch geschicktes Kurzpass-Spiel in Szene setzt, ob die Außenstürmer den Ball hoch oder flach in den Strafraum flanken. Wenn mehrere taktische Entscheidungen vor dem Spiel festgelegt sind, können diese zu einer Strategie gebündelt werden: zu einem ausgetüftelten Plan, wie der Gegner besiegt werden soll.

*3-4-3-System, Bayern München 2001*

## Wonach richtet sich die Taktik?

Die Taktik einer Mannschaft hängt von vielen Gegebenheiten ab. Ein wichtiger Faktor ist zum Beispiel das Wetter. Wenn es regnet und der Boden matschig ist, wird man, weil der Ball schwer zu kontrollieren ist, wenig dribbeln und möglichst sichere Pässe spielen. Ein anderer entscheidender Faktor ist die Stärke des Gegners. Gegen eine spielerisch überlegene Mannschaft wird man eher auf die Defensive setzen (zum Beispiel durch Manndeckung des Spielmachers), eine schwächere Mannschaft hingegen wird man durch offensives Kombinationsspiel zu besiegen versuchen. Auch das Auswechseln kann eine Taktik sein. Der Trainer kann zum Beispiel kurz vor Spielende für einen Verteidiger noch einen zusätzlichen Stürmer auf den Platz schicken, wenn seine Mannschaft im Rückstand ist.

Je nach Taktik entscheidet man sich für ein bestimmtes Spielsystem, das jedem Spieler Position, Spielraum und Aufgabe zuteilt. Es wird, ohne Berücksichtigung des Torwarts, meistens in Zahlen ausgedrückt. Spielt ein Team beispielsweise mit 4 Verteidigern, 3 Mittelfeldspielern und 3 Stürmern, so spricht man von einem „4-3-3-System". Diese Aufstellung war viele Jahre lang das übliche System.

Im alten 4-3-3-System durften die Spieler ihre Positionen in der Regel nicht verlassen. Heute werden nicht nur viele unterschiedliche Systeme gespielt – zum Beispiel 4-4-2- und 3-5-2-System –, sie sind auch nicht mehr so starr wie früher. Vor allem der Profifußball ist heutzutage so schnell und variabel geworden, dass ein Spieler während der 90 Minuten auf dem Platz unterschiedliche Positionen ausfüllen muss. Nach wie vor gibt es jedoch eine taktische

> **Was versteht man unter einem Spielsystem?**

Grundformation. Diese richtet sich einerseits an der Taktik des Gegners aus, andererseits versucht man natürlich auch mit eigenen Vorgaben, den Gegner unter Zugzwang zu setzen. Die wichtigste Aufgabe des Trainers besteht zunächst darin, festzulegen, wer spielen darf und wer nicht. Und dann muss er den richtigen Spieler auf die richtige Position stellen. Dabei ist zu berücksichtigen, dass die beste Mannschaft nicht immer aus den besten elf Einzelspielern besteht, sondern aus den Spielern, die am besten miteinander harmonieren. Die Taktik muss sich also den Spielern, die zur Verfügung stehen, anpassen.

Für Stürmer, die schnell, aber balltechnisch weniger gut sind, ist eine andere Taktik angebracht als für Stürmer, die langsam sind, sich aber im Strafraum mit ihrer Wendigkeit gut durchsetzen können. Angestrebt wird immer eine möglichst perfekte Mischung aus technisch guten, kampfstarken und intelligenten Spielern. Auch die Kombination von erfahrenen und jungen, unbekümmerten Spielern muss stimmen.

Der Italiener Giovanni Trapattoni, der Vorgänger Ottmar Hitzfelds bei den Bayern, gilt als der erfolgreichste Trainer aller Zeiten (18 Titelgewinne). Berühmt wurde er durch seinen Spruch: „Ein Trainer ist nicht ein Idiot ... Ich habe fertig!"

Die Europameister-Mannschaft von 1972 gilt als die beste deutsche Mannschaft aller Zeiten. Sie spielte im 4-3-3-System. Im Bild zu sehen sind (oben, von links) Beckenbauer, Bundestrainer Schön, Schwarzenbeck, Heynckes, Müller, Höttges, Netzer, (unten, von links) Erwin Kremers, Wimmer, Breitner, Maier, Hoeneß.

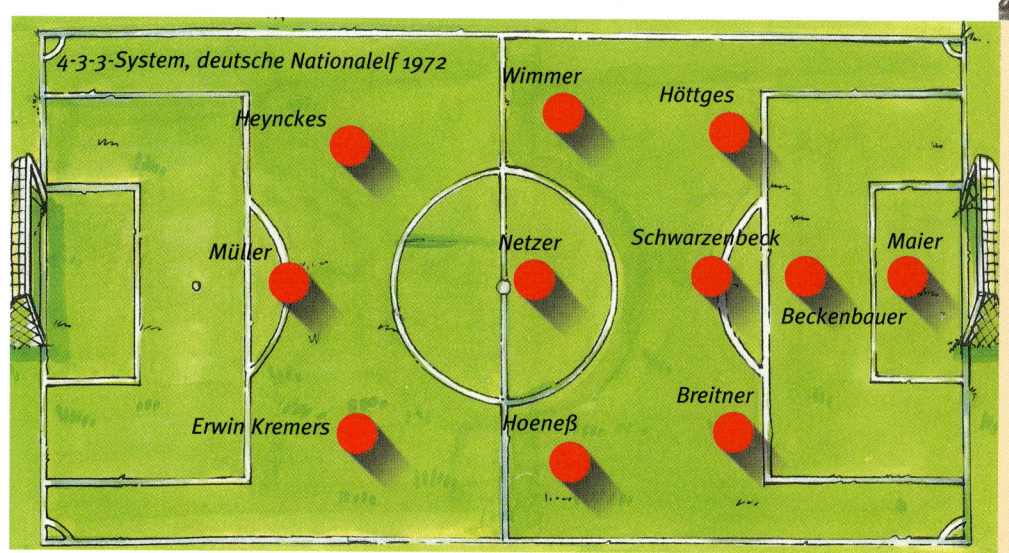

4-3-3-System, deutsche Nationalelf 1972

Wimmer · Höttges · Heynckes · Müller · Netzer · Schwarzenbeck · Maier · Beckenbauer · Erwin Kremers · Hoeneß · Breitner

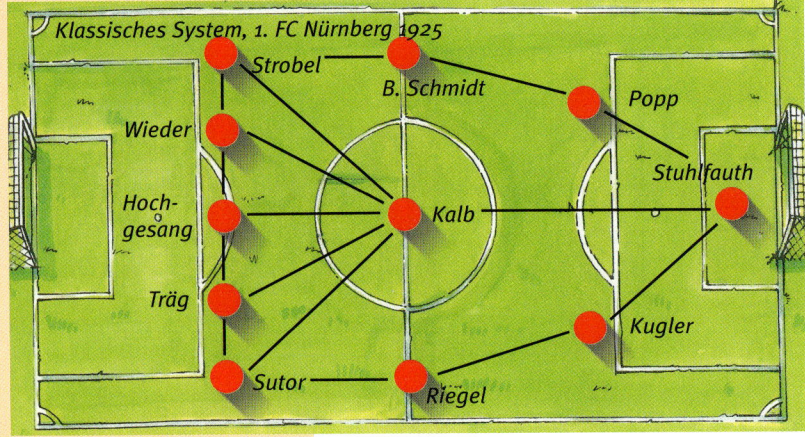

Klassisches System, 1. FC Nürnberg 1925

Strobel
B. Schmidt
Popp
Wieder
Stuhlfauth
Hoch-gesang
Kalb
Träg
Kugler
Sutor
Riegel

## Was sind Passpyramide und WM-System?

Bevor moderne Spielsysteme wie das 4-3-3-System eingeführt wurden, spielte man nach anderen Grundformationen.

Das älteste Spielsystem ist das „klassische System", auch „Passpyramide" genannt, das seit den 1880er Jahren in England üblich war. Man spielte mit 2 Verteidigern, 3 Läufern und 5 Stürmern (2-3-5-System). Zentraler Spieler war der Mittelläufer. Jahrzehntelang wurde dieses System als der Fußballweisheit letzter Schluss erachtet.

Erst nach Einführung der neuen Abseitsregel im Jahr 1925, die für mehr Bewegung im Offensivspiel und für eine wahre Torinflation in der englischen Liga sorgte, änderte sich dies. Herbert Chapman, der Trainer von Arsenal London, machte sich Gedanken darüber, wie er die Abwehr

seiner Mannschaft verstärken könnte. Im Jahr 1930 nahm er einen Mittelfeldspieler in die Abwehr zurück und zog außerdem die beiden Halbstürmer aus der vordersten Linie ab. In der neuen Formation hatte man nun 3 Abwehrspieler, 2 Läufer, 2 Halbstürmer und 3 Stürmer – das WM-System war geboren. Die Formation der Offensivspieler bildet ein W, die der Defensivspieler ein M. Während das alte Pyramidensystem nur ein sehr statisches, einseitig auf den Mittelläufer zugeschnittenes Spiel erlaubte, hatte man nun mit dem neuen System eine Grundlage für flexible und variable Spielzüge geschaffen.

Auch nach 1930 spielten noch viele Mannschaften im klassischen System mit Mittelläufer. Doch allmählich setzte sich das WM-System überall durch. Alle Aufstellungsvarianten, die seitdem erfunden wurden, sind im Grunde keine eigenen Systeme mehr, sondern Abwandlungen des WM-Systems. Das 4-2-4-System zum Beispiel, das die Brasilianer mit Pelé bei der WM 1958 praktizierten, war nicht mehr als die Zurücknahme eines Stürmers in die Verteidigung. Auch alle anderen Systeme, die heute Anwendung finden, beruhen auf Verschiebungen des WM-Systems.

## Was sind die Grenzen eines Spielsystems?

Wie wichtig das System für den Erfolg einer Mannschaft ist, darüber wird allerdings bis heute gestritten. Manche Trainer, etwa der Argentinier Cesar Luis Menotti, halten es für gar nicht so entscheidend. Und natürlich sind auch die Brasilianer 1958 vor allem wegen ihrer Spielkunst und nicht nur aufgrund eines neuen Systems Weltmeister geworden.

*Herbert Chapman, Trainer von Arsenal London, erfand 1930 das WM-System, das die Passpyramide ablöste. Das durch Halbstürmer und Läufer gebildete „magische Viereck" erlaubte wesentlich mehr Kombinationsmöglichkeiten als das alte System mit Mittelläufer.*

WM-System (1925) mit Rückennummern (seit 1933)

7
2
8
4
magisches Viereck
9
5
1
10
6
11
3

Im „klassischen System" trat der 1. FC Nürnberg in den 20er Jahren an. Dreh- und Angelpunkt der Mannschaft war der Mittelläufer Dr. Hans Kalb (rechts).

| Welche berühmten Fußballschulen gab es? |
|---|

Entscheidend für den Erfolg einer Mannschaft ist nicht nur das Spielsystem, sondern auch die Fähigkeit, diszipliniert und doch überraschend zu kombinieren. In der Anfangszeit des Fußballs war in England ein primitives „Kick-and-Rush" üblich (auf Deutsch etwa „trete und eile"). Die Bälle wurden einfach nach vorne gedroschen, und die Stürmer mussten versuchen, sie irgendwie zu erreichen.

Als die schottische Nationalmannschaft die Engländer mehrmals mit überlegenem Kombinationsspiel, das auf kurzen, flachen Pässen beruhte, deutlich besiegte, wurde diese „schottische Schule" für den gesamten Fußball vorbildlich.

In den 1930er Jahren sind dann vor allem die „Wiener Schule" und der „Schalker Kreisel" als Spielweisen berühmt geworden, die auf guter Kombinationstechnik beruhen. Das Wiener „Scheiberl-Spiel" beruhte auf Spielwitz und Überraschungseffekten, der „Schalker Kreisel" auf ausdauerndem Hin- und Herschieben des Balles, das so lange betrieben wurde, bis ein Spieler in eine aussichtsreiche Torschuss-Position gelangt war.

Sepp Herberger

Das österreichische „Wunderteam", angeführt von Torwart Hiden, das 1931/32 mit seinem „Scheiberl-Spiel" in 12 Spielen ungeschlagen blieb. Spielmacher war Matthias Sindelar (rechts, direkt über Trainer Willy Meisl). Über ihn wurde einmal geschrieben: „Er spielte Fußball, wie ein Meister Schach spielt: mit weiter gedanklicher Konzeption, Züge und Gegenzüge vorausberechnend, ein Fallensteller und Überrumpler ohnegleichen ..."

*Als Verkörperung des italienischen Catenaccio gilt der ehemalige Kapitän von Inter Mailand, Giacinto Facchetti. Als linker Verteidiger fing er die Bälle ab und startete beim Konterangriff an der Seitenlinie zu seinen gefürchteten Sturmläufen.*

*Die Mannschaft von AC Mailand (Europapokalsieger 1989 und 1990) perfektionierte die Abseitsfalle. Abwehrchef Franco Baresi gab immer im richtigen Moment seine Kommandos.*

### Wie organisiert man die Defensive?

Das Defensivspiel folgt dem Trainer-Motto von Herbert Chapman: „Wenn es uns gelingt, ein Tor zu verhindern, haben wir einen Punkt gewonnen. Schießen wir aber zudem noch ein Tor, dann haben wir beide Punkte."

Beim defensiven Spiel denkt die Mannschaft in erster Linie an die Verteidigung und ist vor allem darauf aus, Tore des Gegners zu verhindern. Die Verteidiger decken die gegnerischen Stürmer konzentriert, manchmal sogar doppelt, und sind bemüht, ein Kombinationsspiel bereits im Keim zu ersticken. Kommen sie in Ballbesitz, versuchen sie, das Leder in den eigenen Reihen zu halten, um dadurch den Gegner zu ermüden.

Ein wichtiges Mittel der Defensivtaktik ist die Abseitsfalle. Sie funktioniert dann am besten, wenn die Abwehr nicht, wie beim alten System mit Libero und Vorstopper, hintereinander gestaffelt ist, sondern auf einer Linie spielt (Dreier- oder Viererkette). Auf ein Zeichen des Abwehrchefs laufen alle Verteidiger so weit zur Mittellinie hin, dass mindestens ein Gegner plötzlich im Abseits steht. Durch den nun folgenden Freistoß gelangt die verteidigende Mannschaft in Ballbesitz und hat damit die Möglichkeit, einen eigenen Angriff einzuleiten. Das Risiko dieser Taktik: Dribbelstarke Stürmer können zu einem Alleingang ansetzen und haben dann freie Bahn zum Tor.

Ein anderes Mittel, einen offensiv eingestellten Gegner zu zermürben, ist der Konter. Nach einem abgewehrten Angriff führt man einen blitzschnellen Gegenangriff aus, um so die aufgerückte Abwehr des Gegners zu überlaufen. Trumpf des Konters ist das Tempo: rasche Kombinationen über nur wenige Stationen, genaue Steilpässe und im Sprint vorgetragene Dribblings. Gelingt nach einem solchen Konter ein Tor, wird der Gegner anschließend noch wütender angreifen. Vernachlässigt die offensive Mannschaft dabei die Absicherung in der Defensive, erhöht das die Erfolgschance weiterer Konter.

Die berüchtigste Defensivtaktik war der italienische Catenaccio, in den die Konterattacke als Angriffselement integriert war. Besonders Inter Mailand mit seinem argentinischen Trainer Helenio Herrera errang mit dieser Taktik in den 60er Jahren große Erfolge (Europapokal der Landesmeister 1964, 1965). Beim Catenaccio bestand die Verteidigung aus einem Bollwerk von fünf Abwehrspielern, unterstützt von drei defensiven Mittelfeldspielern.

Vor jedem Spiel entscheidet der Trainer, mit welchen Mitteln die gegnerische Mannschaft am Toreschießen gehindert werden soll. Bei der Manndeckung bewacht der Verteidiger seinen Gegenspieler hautnah über die gesamte Spieldauer hinweg. Vor allem auf den Spielmacher des Gegners wird oft ein eigener Manndecker angesetzt, der die einzige Aufgabe hat, dessen Aktionen zu vereiteln.

Bei der Raumdeckung wird jedem Abwehrspieler ein bestimmter Raum zugeteilt, den er zu verteidigen hat. Der Gegner wird erst angegriffen,

*Jürgen Kohler war lange Jahre ein zuverlässiger Manndecker in der deutschen Nationalelf.*

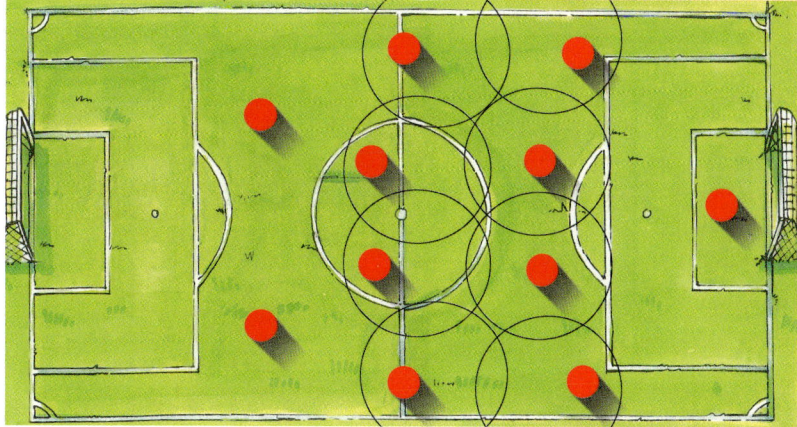

*Bei der Raumdeckung bewacht jeder Abwehrspieler einen bestimmten Bereich des Feldes.*

wenn er versucht, in diesen Raum einzudringen. Verlässt er ihn, wird die Bewachung an den Verteidiger des benachbarten Raumes übergeben.

Beide Deckungsarten haben ihre Risiken. Bei sturer Manndeckung kann ein Stürmer, der seine Position verlässt, den Verteidiger mitziehen, zum Beispiel von der rechten auf die linke Seite des Feldes, und so die Abwehr in Unordnung bringen. Als großes Problem der Raumdeckung erweist sich oft die rechtzeitige „Übernahme" des Gegenspielers. Hält er sich an der „Grenze" zweier Räume auf, fühlt sich manchmal kein Abwehrspieler zuständig; er bleibt ungedeckt und kann frei den Ball annehmen.

Die meisten Mannschaften spielen eine kombinierte Mann-/Raumdeckung. Zwar werden die Deckungsspieler vor dem Spiel bestimmten Gegnern zugeteilt, doch während des Spiels werden die Gegner, wenn es sich aus der Situation heraus als günstiger erweist, auch öfters an einen anderen Abwehrspieler übergeben.

**DEFENSIVE MANN-
SCHAFTEN** sind meist erfolgreicher als offensive. Die Bundesliga-Saison 1992/93, in der Werder Bremen mit 63:30 Toren über die 74:45 Tore von Bayern München triumphierte, ist nur ein Beispiel von vielen. 1967 genügten Eintracht Braunschweig 49 Tore zum Titel, während Dortmund auf dem dritten Platz 70 Treffer erzielt hatte. Auch Schalke errang 1997 mit wenigen Toren, aber sechs „Zu-Null-Siegen" im heimischen Parkstadion den UEFA-Cup. Die Spieler hatten sich an die Anweisung von Trainer Huub Stevens (Bild unten) gehalten: „Die Null muss stehen."

*Der von Otto Rehhagel geprägte Begriff „kontrollierte Offensive" bedeutet, beim Angriff auch die Abwehr nicht zu vernachlässigen. Rehhagel gewann mit Bremen je zweimal den Meister- und Pokalsiegertitel sowie 1992 den Europacup der Pokalsieger. 1997/98 schaffte er mit Kaiserslautern den Durchmarsch von der 2. Liga zum Deutschen Meister. Sein größter Triumph folgte 2004: die Europameisterschaft mit dem Nationalteam Griechenlands.*

*Der 17-jährige Wunderstürmer Pelé (links) bei seinem ersten Triumph, der Weltmeisterschaft 1958 in Schweden*

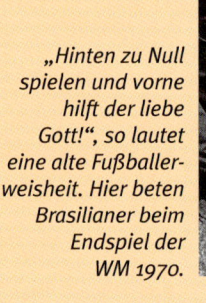

*„Hinten zu Null spielen und vorne hilft der liebe Gott!", so lautet eine alte Fußballerweisheit. Hier beten Brasilianer beim Endspiel der WM 1970.*

### Wie organisiert man die Offensive?

Um ein Spiel zu gewinnen, genügt es nicht, den Gegner vom Toreschießen abzuhalten – man muss sich auch selbst Torchancen erkämpfen. Deshalb überlegt sich jede Mannschaft auch Taktiken für die Offensive. Der Trainer muss sich vor dem Spiel entscheiden, ob er mit zwei oder mit drei Stürmern spielen lässt oder ob er die Außenbahn mit schnellen Leuten besetzt, die aus dem Mittelfeld nach vorn kommen.

Wichtig ist auch, dass eine Mannschaft bei Ballbesitz planmäßig vorgeht. So hatte zum Beispiel der Hamburger SV Anfang der 1980er Jahre damit Erfolg, dass der Offensivverteidiger Manfred Kaltz regelmäßig beim Angriff nach vorn preschte und gefährlich angeschnittene „Bananenflanken" in den Strafraum des Gegners zirkelte.

Nach Sepp Herberger geht es beim Fußballspiel vor allem darum, „dass man dort, wo die Entscheidung fällt, jeweils zahlenmäßig stärker ist als der Gegner." Die Grundtaktik besteht darin, im Mittelfeld mit gewonnenen Dribblings eine Überzahl zu schaffen oder aber mit ständigem Freilaufen und kurzen Pässen einen Mannschaftskollegen freizuspielen. Man kann aber auch versuchen, mit dem Spiel über die Flügel den Gegner vom Tor wegzulocken, um dort Raum für nachrückende Mitspieler zu schaffen. Setzt der Gegner die Abseitsfalle ein, so muss der ballführende Spieler im richtigen Moment die Lücke erkennen und eventuell mit einem Sprint oder einem Dribbling versuchen, die Abwehr zu durchbrechen.

### Warum muss man „sein" Spiel spielen?

Voraussetzung dafür, dass man „sein" Spiel spielen und dem Gegner aufzwingen kann, ist der Ballbesitz. „Wenn ich den Ball habe", hat die englische Fußball-Legende Stanley Matthews einmal bemerkt, „dann mache ich das Spiel; ich weiß, was ich tun werde, meine Gegner müssen raten." Grundsätzlich ist es zwar weitaus schwieriger, ein Spiel konstruktiv aufzubauen statt es nur zu zerstören, aber der Vorteil liegt darin, dass man dem Gegner immer einen Schritt voraus ist.

Gute Mannschaften lassen den Ball laufen, und der Gegner rennt hilflos hinterher. Der Meister-Trainer Hennes Weisweiler (drei Titel mit Mönchengladbach, einer mit Köln): „Wenn alle Angreifer in gedanklicher Zusammenarbeit dauernd unterwegs sind, den freien Raum suchen, ihre Positionen wechseln, sich anbieten oder auch wegbleiben, dann hat selbst die aufmerksamste Abwehr nur wenig Gegenmittel, einzugreifen und zu stören."

## Was ist Pressing?

Ist der Gegner in Ballbesitz, so ist das „Pressing" (von englisch „to press": bedrängen) eine wirkungsvolle Variante passiven Spiels. Stürmer und Mittelfeldspieler versuchen, sich ballorientiert zu verschieben und die am Ball befindlichen Gegenspieler gleich zu mehreren zu attackieren, um den Gegner möglichst frühzeitig beim Spielaufbau zu stören. Beabsichtigt ist, den Gegner bereits in seiner eigenen Hälfte so unter Druck zu setzen, dass er Fehler begeht, aus denen sich wiederum Chancen für einen Angriff der eigenen Mannschaft ergeben. 1981/82 brachte der Österreicher Ernst Happel den Hamburgern das Pressing bei – und prompt wurden sie mit 95 Treffern Meister.

**TOTALER FUSSBALL**
In den 70er Jahren prägte die niederländische Nationalmannschaft den Begriff „totaler Fußball", um die offensive Grundhaltung einer modernen Mannschaft zu bezeichnen. Auch die Defensivspieler rückten dabei auf Angriffspositionen vor, so dass in der Offensive ein Höchstmaß an Flexibilität erreicht wurde. „Chef" des attraktiven Offensivspiels der Niederländer war Johan Cruyff (oben im Bild), Europapokalgewinner mit Ajax Amsterdam 1971 bis 1973 und mehrfach Europas Fußballer des Jahres.

*Bayern Münchens erfolgreicher Stürmer Giovane Elber jubelt nach einem seiner vielen Treffer.*

*Den entscheidenden Elfmeter im Endspiel der WM 1990 verwandelte Andreas Brehme. Lothar Matthäus wollte nicht antreten, weil er sich unsicher fühlte (er trug neue Schuhe).*

### STRAFSTOSS

**Auch der Strafstoß ist eine Standardsituation. Der Ball wird auf die Elfmetermarke gelegt, und immer steht der Schütze vor derselben Frage: Wie bringe ich den Ball im Tor unter? Im Training treffen alle Spieler wie im Schlaf ins Tor, in entscheidenden Spielen sind Elfmeter jedoch reine Nervensache.**

*Freistoß-Tor beim Endspiel um die Deutsche Meisterschaft 1941. Rapid Wien schlug Schalke 04 mit 4:3.*

### Was sind Standardsituationen?

Wenn der Ball im „Aus" landet oder der Schiedsrichter das Spiel wegen eines Fouls unterbricht, gibt es entweder Einwurf, Freistoß oder Eckstoß. Man nennt diese Situationen „Standardsituationen", weil sie in einem Spiel immer wieder vorkommen. Es ist sehr wichtig, vor allem Eckstöße und Freistöße in der Nähe des gegnerischen Tores optimal auszunutzen, denn sie bieten die Chance, den Ball ungehindert gefährlich vor das Tor zu spielen.

Viele Mannschaften haben Spezialisten für diese „ruhenden" Bälle. Spieler wie Mario Basler oder David Beckham sind berühmt dafür, dass sie den Ball von der Ecke aus so anschneiden können, dass er sogar direkt im Tor landet. Auch bei direkt geschossenen Freistößen sind oft Effetkünstler wie „Icke" Häßler oder Mehmet Scholl am Werk, die in der Lage sind, den Ball in kaum glaublicher Flugbahn um eine Spieler-

mauer herumzulenken. Mannschaften, die keine Kunstschützen in ihren Reihen haben, müssen jedoch nicht verzweifeln. Sie können im Training verschiedene Varianten von Eck- und Freistößen üben.

### Wie trainiert man Eckstöße?

Eckstöße werden meist hoch in den Strafraum geflankt, damit sie dort von kopfballstarken Spielern verwandelt werden können. Dabei kann man vorher verabreden, ob der Ball auf den näheren, den „kurzen" Pfosten getreten wird oder auf den weiter entfernten, den „langen" Pfosten. Aus der Sicht des Stürmers betrachtet werden normalerweise die Ecken von links mit dem rechten, die von rechts mit dem linken Fuß geschossen. Der mit dem Innenrist getretene Ball dreht sich dann im Bogen auf den Torwart zu. Eine Möglichkeit, den Torwart und die gegnerische Abwehr zu verwirren, besteht darin, dass ein Linksfüßer von links und ein Rechtsfüßer von rechts schießt. Dann dreht sich der Ball vom Torwart weg und ist so für die Abwehr schwerer zu berechnen.

Eine weitere Möglichkeit, den Gegner zu irritieren, ist die Verlängerung des Eckstoßes. Der Ball wird auf den kurzen Pfosten gespielt und dort von einem Mitspieler per Kopf zu einem weiteren Mitspieler verlängert. Der kann nun den Ball aufs Tor köpfen oder schießen, während die Abwehr noch ganz verdutzt ist.

Freistöße werden im Training oft geübt. Ziel ist dabei, die vor dem gegnerischen Tor postierte Mauer zu überwinden.

## Welche Tricks werden bei Freistößen angewandt?

Der Abstand der Mauer zum Ball beträgt immer 9,15 Meter. Bei einem Freistoß aus guter Position bietet sich ein direkter Schuss an. Entweder wagt der Schütze einen Effetschuss um die Mauer herum, oder aber er zielt durch das Loch in der Mauer, das ihm ein Spieler der eigenen Mannschaft freigesperrt hat.

In einer anderen Variante hebt der Freistoßschütze den Ball gefühlvoll über die Mauer. Ein Mitspieler „schleicht" sich in den Rücken der Mauer, nimmt den Ball an und zieht aus nächster Nähe ab. Oft zu sehen ist auch, dass ein Spieler einen Schuss nur antäuscht oder über den Ball hinweg-läuft. Dies verwirrt die Abwehr des Gegners, so dass der eigent-liche Schütze eine

entstehende Lücke mit einem strammen Schuss nutzen kann.

Wenn man allerdings einen Ruf als gefährlicher Freistoßschütze hat, sind solche Tricks manchmal gar nicht nötig. Der Mönchengladbacher Günter Netzer war wegen seiner gezirkelten Schüsse so gefürchtet, dass der Torwart von EPA Larnax (Zypern) in einem Europapokalspiel des Jahres 1970 die Mauer neben den Torpfosten dirigierte. In dieser ungewöhnlichen Situation brachte es der Kunstschütze Netzer ausnahmsweise mal über sich, den Ball schnurgerade ins Tor zu hämmern.

*Auch so lassen sich Standardsituationen üben.*

*Ein Kunstschütze am Ball: David Beckham. Beim Endspiel in der Champions League 1999 zwischen Manchester United und Bayern München bereitete er mit zwei Eckbällen in der Nachspielzeit die Treffer von Sheringham und Solskjaer zu Manchesters 2:1-Sieg vor.*

*Ein Spieler der angreifenden Mannschaft stellt sich in die Abwehrmauer des Gegners. Der Freistoßschütze schießt direkt auf den Mitspieler, der sich im letzten Moment duckt. Der Ball fliegt durch die Lücke aufs Tor.*

▲ **Freistoßtricks** ▲

*Der Freistoßschütze „lupft" den Ball über die Mauer auf einen Mitspieler, der im richtigen Moment in den freien Raum hinter der Mauer gesprintet ist.*

# Deutsche Meisterschaften und Pokale

*Pokalsieger 2001: der FC Schalke 04. Schalkes verletzter Kapitän Tomasz Waldoch (deshalb im Anzug) stemmt den Pokal. Beifall klatschend dabei: der ranghöchste deutsche Fußballfan, Bundeskanzler Gerhard Schröder (unten links).*

**Was sind Liga- und K.O.-System?**

Fußball-Wettbewerbe können nach zwei verschiedenen Systemen ausgetragen werden: nach dem Liga- und dem K.O.-System. Im Ligasystem kämpfen mehrere Fußballvereine um Tore und Punkte. Im Verlauf eines Spieljahres (Saison) treffen alle Mannschaften zweimal aufeinander. Ein Spiel wird auf dem eigenen Platz ausgetragen (Heimspiel), ein Spiel findet auf dem Platz des Gegners statt (Auswärtsspiel). Die Ergebnisse der einzelnen Spiele (Punkte und Tore) werden in einer Tabelle zusammengezählt. Wer am Ende einer Saison die meisten Punkte errungen hat und den ersten Platz belegt, ist Ligameister. Stehen am Ende einer Saison zwei Vereine punktgleich an der Spitze, wird derjenige Meister, der das bessere Torverhältnis hat.

Bis 1995 wurden für einen Sieg zwei Punkte gutgeschrieben, für ein Unentschieden erhielt jeder Verein einen Punkt. Seit der Saison 1995/96 gilt die Drei-Punkte-Regel. Für einen Sieg werden nun drei Punkte gutgeschrieben, für ein Unentschieden gibt es weiterhin einen Punkt.

Pokalwettbewerbe werden dagegen im so genannten K.O.-System ausgetragen. Zu Beginn wird ausgelost, welche Vereine gegeneinander antreten. Der Verlierer des Spiels scheidet aus. Manchmal gibt es auch zwei Spiele, man spricht dann von Hin- und Rückspiel. Das Teilnehmerfeld wird Runde um Runde halbiert. Schließlich bleiben zwei Mannschaften übrig, die im Endspiel den Pokalsieger ermitteln. Das Endspiel wird oft auch als Finale bezeichnet, so dass man bei den vorherigen Runden dementsprechend von Halb-, Viertel- und Achtelfinale spricht.

**Wie ist der deutsche Vereinsfußball organisiert?**

In Deutschland wird der Vereinsfußball vom Deutschen Fußballbund (DFB) organisiert. Von 1903 bis 1963 wurde die Deutsche Meisterschaft in einer Mischung aus Liga- und Pokalsystem durchgeführt. Es gab viele Ligen, deren Erstplatzierte dann in einer Endrunde um die Deutsche Meisterschaft spielten. Eine 1. Bundesliga,

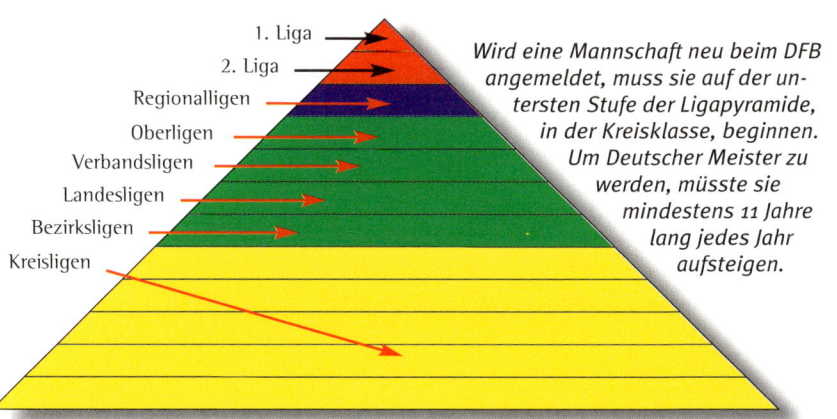

1. Liga
2. Liga
Regionalligen
Oberligen
Verbandsligen
Landesligen
Bezirksligen
Kreisligen

*Wird eine Mannschaft neu beim DFB angemeldet, muss sie auf der untersten Stufe der Ligapyramide, in der Kreisklasse, beginnen. Um Deutscher Meister zu werden, müsste sie mindestens 11 Jahre lang jedes Jahr aufsteigen.*

*Der deutsche Vereinsfußball ist wie eine Pyramide organisiert: unten die Freizeitspieler in den Kreisligen (Amateure), oben die Profis in den Bundesligen.*

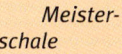

DFB-Pokal

Meisterschale

in der die besten Mannschaften von ganz Deutschland zusammengefasst sind, gibt es erst seit 1963.

Heute ist das Ligasystem für die etwa 66.000 Männer-Mannschaften wie eine Pyramide aufgebaut. Ganz oben an der Spitze steht die 1. Bundesliga mit 18 Profivereinen. Wer nach insgesamt 34 Spieltagen an der Tabellenspitze steht, ist Deutscher Meister, wer auf den Plätzen 16, 17 und 18 landet, steigt in die 2. Bundesliga ab. Die drei Erstplatzierten der 2. Bundesliga bilden die Aufsteiger für die nächste Saison.

Die dritte Stufe des Ligasystems wird von den beiden Regionalligen Nord und Süd gebildet, die eine Art Übergang vom Profi- zum Amateurfußball darstellen. Die Aufsteiger in die Regionalliga werden von den

Meistern der zehn Oberligen ausgespielt. Es folgen die Verbands- und Landesligen und schließlich die Bezirksligen. Die letzte Ebene bilden die Kreisligen, die nochmals gestuft sind. Aufstieg und Abstieg zwischen den einzelnen Stufen sind dabei ähnlich geregelt wie auf den höheren Ebenen.

Neben dem Meisterwettbewerb gibt es in Deutschland seit 1935 den Vereinspokal (DFB-Pokal), an dem alle deutschen Vereinsmannschaften teilnehmen dürfen. Bei der Auslosung der ersten Hauptrunde kommen die 18 Erstligisten sowie 14 Zweitligisten in den ersten Topf. Den zweiten Topf bilden die vier Absteiger der 2. Liga, die Erst- und Zweitplatzierten der beiden Regionalligen sowie 24 Vereine, die sich in den Pokalrunden für Amateure qualifiziert haben. Die Vereine des zweiten Topfes haben automatisch Heimrecht, Amateurvereine behalten es auch im weiteren Verlauf des Wettbewerbs. Endet ein Spiel nach der Verlängerung unentschieden, wird der Sieger durch Elfmeterschießen ermittelt. Das Endspiel findet seit 1985 immer im Berliner Olympiastadion statt.

*Ein gewohntes Bild in der Bundesliga: Der FC Bayern ist Meister. Im Jahr 2003 errangen die Münchener ihren Titel Nummer 18. Unten: Hasan Salihamidzic mit der Meisterschale.*

## DFL

**Im Jahr 2000 wurden die Vereine der 1. und 2. Bundesliga aus dem DFB ausgegliedert. Der neue Zusammenschluss der Profiligen erhielt den Namen „Die Liga – Fußballverband e.V.". Zuständig für den Spielbetrieb und die Vermarktung (zum Beispiel der Fernsehrechte) ist nun nicht mehr der DFB, sondern eine GmbH: die „DFL – Deutsche Fußball Liga". In einem Vertrag zwischen dem DFB und dem Fußballverband ist geregelt, dass die Profivereine des Fußballverbandes am DFB-Pokal teilnehmen und Spieler für die Nationalelf abstellen müssen.**

*Heiner Stuhlfauth, der berühmte Torwart des 1. FC Nürnberg, sorgte dafür, dass der Club in fünf Endspielen zwischen 1920 und 1927 keinen einzigen Treffer kassieren musste. Seine Spezialität war die Fußabwehr weit vor dem eigenen Tor nach dem Motto: „Ein guter Torwart wirft sich nicht.“*

*Die Viktoria war der erste Wanderpokal, der für den Deutschen Meister vergeben wurde.*

### Wer war der erste Deutsche Meister?

Im Jahr 1903 wurde zum ersten Mal eine Deutsche Meisterschaft ausgetragen. Den Titel errang der 1896 gegründete VfB Leipzig. Damals war es noch viel einfacher, Meister zu werden. Im Jahr 1900 gehörten dem DFB gerade mal 68 Vereine an, und die Spielstärke war lange noch nicht so unterschiedlich wie heute zwischen einem Verein der 1. Bundesliga und einem Verein der Kreisklasse. So war es möglich, dass der VfB Leipzig, der mit nur zwei Siegen Meister des „Verbandes Mitteldeutscher Ballspielvereine" geworden war, sich damit bereits für die Endrunde um die Deutsche Meisterschaft qualifiziert hatte. Dort besiegte er Britannia Berlin mit 3:1, den Altonaer FC mit 6:3 und schließlich im Endspiel den Deutschen Fußballclub Prag mit 7:2. Nur fünf Siege benötigten die Leipziger, um Meister zu werden!

Der VfB blieb auch in den nächsten Jahren eine der beherrschenden Mannschaften. Noch fünfmal gelangten die Leipziger ins Endspiel, zweimal gewannen sie. Beim letzten Finale vor dem Ersten Weltkrieg standen sie am 31. Mai 1914 in Magdeburg der SpVgg Fürth gegenüber.

Die vom englischen Trainer William Townley trainierten Fürther waren technisch und taktisch besser, doch der VfB hielt mit Kampfkraft dagegen. Nach 90 Minuten war der Spielstand 1:1. Es gab Verlängerung (2 x 15 Minuten). Danach stand es 2:2. Wie damals üblich, wurde das Spiel im 10-Minuten-Rhythmus weiter verlängert. Die Kräfte der Spieler erlahmten mehr und mehr. Selbst die Leipziger waren froh, als dem Fürther Franz in der 153. Minute ein Treffer gelang und das Spiel damit endlich entschieden war.

### Wo war die erste „Fußball-Hochburg"?

Während des Ersten Weltkriegs wurde die Deutsche Meisterschaft ausgesetzt. 1920, im ersten Endspiel nach dem Krieg, standen die Fürther in Frankfurt ihrem fränkischen Nachbarn, dem 1. FC Nürnberg, gegenüber.

*Die Mannschaft der SpVgg Fürth im Jahr 1904. Damals kassierte man noch zweistellige Niederlagen gegen den 1. FC Nürnberg. Nur zehn Jahre später waren die Fürther Meister.*

35.000 Zuschauer sahen einen verdienten 2:0-Sieg des 1. FCN. Im Jahr darauf konnte Nürnberg seinen Erfolg wiederholen und war damit der erste Verein, der seinen Titel verteidigen konnte. Und damit nicht genug: Von Juli 1918 bis Februar 1922 blieben die Nürnberger in 104 Spielen ungeschlagen (Torverhältnis: 480:47). Voller Ehrfurcht nannte man den 1. FCN seitdem schlicht und einfach „den Club".

Bis 1927 errang der Club noch drei weitere Meisterschaften. Aber auch die Nachbarn aus Fürth blieben stark und gewannen weitere Titel. Beide Vereine wurden für ihr Kombinationsspiel, den so genannten „fränkischen Flachpass", gerühmt. Sie waren so überlegen, dass man in ganz Deutschland voller Ehrfurcht von der „Fußball-Hochburg" Nürnberg/Fürth sprach. Einigermaßen mithalten konnten da nur noch der zweifache Meister Hamburger SV und Hertha BSC Berlin. Die Berliner hatten viel Pech: Viermal nacheinander, von 1926 bis 1929, verloren sie im Finale. Erst 1930 und 1931 wurden sie endlich Deutscher Meister.

### DAS JAHR OHNE MEISTER

Verwundbar waren die Nürnberger in den 20er Jahren nur dann, wenn ihr Spielmacher, der Riese Hans Kalb, einmal fehlte. Ein geflügeltes Wort lautete: „Der Club ohne Kalb – halb." 1922 hatte sich Kalb ein Bein gebrochen und konnte an den Endspielen gegen den Hamburger SV nicht teilnehmen. Und tatsächlich: Diesmal konnte der Club nicht gewinnen. Das Finale in Berlin, das nach 90 Minuten 2:2 stand, wurde nach mehreren Verlängerungen in der 190. Minute torlos abgebrochen. Auch das Wiederholungsspiel in Leipzig (1:1) musste in die Verlängerung und wurde unentschieden abgebrochen, als Nürnberg nach Platzverweisen und Verletzungen nur noch sieben Spieler auf dem Feld hatte. So kam es, dass das Jahr 1922 als „Jahr ohne Meister" in die Fußballgeschichte einging.

*Szene aus dem Endspiel von 1927 zwischen Hertha BSC und dem 1. FC Nürnberg im Berliner Grunewaldstadion. Nürnberg gewann 2:0. Rechts in Aktion Herthas Torwart Götze, links Clubstürmer Schorsch Hochgesang.*

*„Bimbo" Binder, Stürmer von Rapid Wien, schoss am 22. Juni 1941 im Endspiel gegen Schalke 04 drei Tore.*

*Die Stars des „Schalker Kreisels": Ernst Kuzorra (rechts) und Fritz Szepan*

### Wodurch wurde Schalke 04 berühmt?

In den 30er Jahren verlagerte sich das Zentrum des Fußballs von Süd- nach Westdeutschland. Zwischen 1933 und 1942 stand der FC Schalke 04 nur einmal nicht im Endspiel, sechsmal ging der Meistertitel in den Vorort von Gelsenkirchen. Der Ruhm des FC Schalke, der im Jahr 1904 von einigen 14-jährigen Jungen gegründet worden war, beruht jedoch nicht allein auf diesen Erfolgen. Schalke 04 war die erste Arbeitermannschaft in Deutschland, die Erfolg hatte. Die meisten Spieler waren Kinder polnischer Einwanderer, die in den Kohlegruben des Ruhrgebiets als Bergleute („Knappen") arbeiteten.

Die Elf im königsblauen Trikot perfektionierte das Kombinationsspiel zum berühmten „Schalker Kreisel": Mit kurzen, flachen Pässen wurde der Ball immer wieder zum besser postierten Mitspieler gespielt, bis man sich endlich gefährlich nah ans Tor des Gegners vorgearbeitet hatte und einen Torschuss versuchen konnte. Die Treffer zum ersten Schalker Triumph, dem 2:1 im Endspiel gegen den Club im Jahr 1934, erzielten Fritz Szepan und Ernst Kuzorra.

Schalke 04 war auch im Wettbewerb um den deutschen Vereinspokal erfolgreich, der im Jahr 1935 zum ersten Mal ausgetragen wurde. Im Endspiel 1935 verloren die Schalker zwar noch mit 0:2 gegen den Club, 1937 aber schlugen sie die Nürnberger mit 2:0. Damit war Schalke der erste Verein, der das so genannte „Double", also Meisterschaft und Pokalsieg in einer Saison, gewinnen konnte.

### Wann wurde Rapid Wien Deutscher Meister?

Im Jahr 1933 hatten in Deutschland die Nationalsozialisten die Herrschaft ergriffen. 1938 wurde Österreich zum „Anschluss" gezwungen und als „Ostmark" dem Deutschen Reich eingegliedert. Im so genannten „Großdeutschland" spielten nun auch die starken Mannschaften aus Wien um Meisterschaften und Pokale mit. Erfolgreich waren die Österreicher zunächst im „Tschammer-Pokal", dem Vorläufer des DFB-Pokals (benannt nach dem damaligen Reichssportführer Hans von Tschammer und Osten). 1938 holte sich Rapid Wien mit einem 3:1-Sieg über den FSV Frankfurt den Titel.

1939 gelangte Admira Wien in das Endspiel um die Deutsche Meisterschaft, ging dort allerdings sang- und klanglos mit 0:9 gegen Schalke

unter. Zwei Jahre später hieß das Finale Rapid Wien gegen Schalke 04. Rapid lag in der 60. Minute mit 0:3 zurück, das Spiel schien bereits entschieden. Doch dann drehten die Wiener auf und schossen innerhalb von sechs Minuten vier Tore: Endstand 4:3 für Rapid! Allein drei Treffer gingen auf das Konto von Franz „Bimbo" Binder, dem besten Torjäger jener Zeit.

## Was geschah nach dem Zweiten Weltkrieg?

Seit dem Beginn des Zweiten Weltkriegs im Jahr 1939 wurde die Durchführung von Fußballspielen immer schwieriger. Dennoch rollte der Ball weiter – bis zum 18. Juni 1944. An diesem Tag fand vor 70.000 Zuschauern im Berliner Olympiastadion, trotz der Bedrohung durch Bombenangriffe der Alliierten, das letzte Finale während des Krieges statt. Titelverteidiger Dresden, in dessen Reihen der spätere Bundestrainer Helmut Schön spielte, gewann gegen eine Soldatenmannschaft, den Luftwaffensportverein Hamburg, mit 4:0.

Nach Kriegsende im Mai 1945 wurde Deutschland in einen Westteil (die Bundesrepublik Deutschland, BRD) und einen Ostteil (die Deutsche Demokratische Republik, DDR) aufgeteilt. Während es in der DDR später nur eine Oberliga gab, in der ein DDR-Meister ermittelt wurde,

**Volkssport Fußball** – *Tooor.... Tooor..!*

bildete man in der BRD fünf Oberligen (Nord, West, Südwest, Süd und Westberlin). Zur Saison 1947/48 qualifizierten sich die 16 besten Mannschaften für die Endrunde, die im K.O.-System ausgetragen wurde. Zum ersten Nachkriegsfinale um den Meistertitel kam es am 8. August 1948 in Köln. Der 1. FC Nürnberg schlug den 1. FC Kaiserslautern mit 2:1.

*Für die Zeit der bundesdeutschen Oberliga von 1948 bis 1963 waren spannende Derbys zwischen Nachbarvereinen wie dem Hamburger SV und dem FC St. Pauli oder Eintracht Frankfurt und den Offenbacher Kickers typisch. Dieses Titelblatt eines Sammelbilderalbums aus dem Jahr 1951 zeigt eine Szene aus einem Derby der Oberliga West (Borussia Dortmund gegen Rot-Weiß Oberhausen).*

*Der berühmteste und beliebteste Spieler in der Übergangszeit von der Oberliga zur Bundesliga war „Uns Uwe" Seeler vom Hamburger SV. Von 1953 bis 1972 schoss der Torjäger in 916 Spielen für Hamburg 772 Tore.*

**DIE TRIKOTWERBUNG**

wurde eingeführt, um die Gehälter der Bundesliga-Profis zu finanzieren. Der erste Verein, auf dessen Trikots Werbung prangte, war Eintracht Braunschweig. Seit 1973 zierte der Hirsch, das Zeichen der Firma Jägermeister, die Brust der Spieler. Der Plan, den Verein in „Jägermeister Braunschweig" umzuändern, scheiterte am Verbot des DFB. In Österreich ist das anders: Da tritt zum Beispiel der Traditionsklub Vienna Wien seit den 80er Jahren unter den unterschiedlichsten Namen an: Eismann Vienna, First Vienna FC McDonald's und zuletzt FC Honda Havelka Vienna.

Noch ohne Trikotwerbung: Wolfgang Overath, der 1964 mit dem 1. FC Köln die erste Meisterschaft in der Bundesliga gewann.

### Wie entstand die Bundesliga?

Seit den 50er Jahren wurde die Endrunde der Deutschen Meisterschaft in zwei Gruppen zu je vier Vereinen ausgetragen, deren Sieger für das Endspiel qualifiziert waren. Bis zur Einführung der Bundesliga 1963 wurde Borussia Dortmund dreimal Meister, dem 1. FC Kaiserslautern, dem 1. FC Nürnberg und dem VfB Stuttgart gelang der Triumph je zweimal. Außerdem konnten sich weitere sieben Klubs in die Meisterliste eintragen.

Im Jahr 1962 beschloss der DFB, die stärksten Vereine in einer 1. Liga zu konzentrieren. Dadurch wollte man international konkurrenzfähig bleiben und vermeiden, dass Spitzenspieler in ausländische Profiligen abwanderten. Um die Aufnahme in die Bundesliga bewarben sich 46 Vereine aus den bisherigen Oberligen. Beim Anpfiff der ersten Bundesligasaison 1963/64 waren schließlich dabei: 1. FC Nürnberg, TSV 1860 München, Eintracht Frankfurt, Karlsruher SC, VfB Stuttgart, 1. FC Köln, MSV Duisburg, Borussia Dortmund, Schalke 04, Preußen Münster, Hamburger SV, Werder Bremen, Eintracht Braunschweig, 1. FC Kaiserslautern, 1. FC Saarbrücken und Hertha BSC Berlin.

### Wie viel verdienen die Bundesliga-Profis?

Mit der Einführung der Bundesliga wurde auch die Bezahlung der Spieler neu geregelt. In der Oberligazeit waren Fußballer so genannte „Vertragsspieler": Sie waren bei einem Verein vertraglich gebunden und mussten zusätzlich einen Beruf ausüben. Da sie weniger

*Kevin Keegan, Starspieler des HSV im Jahr 1978*

arbeiteten und entsprechend weniger verdienten als ein normaler Arbeitnehmer, erhielten sie ein kleines Gehalt als Entschädigung. Die Zahlungen waren insgesamt jedoch so gering (160 Euro im Monat), dass viele Vereine den Spitzenspielern heimlich mehr Geld zusteckten.

Mit dem Start der Bundesliga wurde der „Lizenzspieler" eingeführt, der nun ein festes Gehalt bezog. Das Monatseinkommen durfte aber höchstens 600 Euro betragen. Erst zehn Jahre später, als versteckte Zahlungen immer mehr zum Problem geworden waren, gab man die Gehälter für Bundesligaspieler frei.

Der erste Großverdiener der Bundesliga war der Engländer Kevin Keegan. In der Saison 1977/78 erhielt er beim Hamburger SV das damals als „wahnsinnig hoch" bezeichnete Gehalt von 250.000 Euro. Heute verdient selbst ein durchschnittlicher Bundesligaprofi so viel. Ein Spitzenverdiener wie Michael Ballack hingegen soll bei Bayern München sogar vier Millionen Euro erhalten.

Der reichste Fußballprofi ist derzeit der Franzose Zinedine Zidane, der zur Saison 2001/02 bei Real Madrid ein Jahreseinkommen von 11 Millionen Euro erzielt hat (Werbeeinnahmen inklusive).

**Wer landet (fast) immer auf dem ersten Platz?**

Die erste Meisterschaft der Bundesliga im Jahr 1964 gewann überlegen der 1. FC Köln. In den darauf folgenden Jahren konnte sich kein Verein dauerhaft an die Spitze setzen. Nach Köln holten sich Werder Bremen, 1860 München und Eintracht Braunschweig den Titel. Der 1. FC Nürnberg wurde 1968 zum neunten Mal Meister. Und 1969 sicherten sich die Münchener Bayern, die vier Jahre zuvor in die 1. Bundesliga aufgestiegen waren, ihren ersten Titel.

*Der Torschützen-könig der Bundesliga: Gerd Müller von Bayern München. Er erzielte 365 Tore in 427 Spielen.*

Es war, nach 1932, erst die zweite Meisterschaft für den Klub, der nun einen Titel nach dem anderen einheimsen sollte. Bereits 1987 errangen die Bayern ihre zehnte Meisterschaft und überholten damit den bisherigen Rekordmeister, den 1. FC Nürnberg.

Seit 1969 gab es nur wenige Vereine, die den Bayern Konkurrenz machen konnten. In den 70er Jahren hieß der große Rivale Borussia Mönchengladbach. Die Borussen waren mit fünf Meisterschaften in dieser Zeit sogar noch erfolgreicher als die Münchener. Sie konnten allerdings seit 1977 keine weitere Meisterschaft mehr gewinnen.

Seitdem haben viele Vereine versucht, den Bayern den Titel streitig zu machen. Stuttgart und der 1. FC Kaiserslautern standen je zweimal an der Tabellenspitze, je dreimal gewannen der Hamburger SV, Borussia Dortmund und Werder Bremen den Titel. Doch bisher gelang es keinem Verein, die Erfolgsserie der Bayern dauerhaft zu durchbrechen. Im Jahr 2003 gewannen sie ihren 18. Meistertitel. Es war ihre 37. Bundesliga-Saison. Sie belegten also beinahe in jedem zweiten Jahr den 1. Platz!

*Die erfolgreichste Mannschaft der 70er Jahre: Borussia Mönchengladbach. Trainiert wurde das Team von Hennes Weisweiler (im Bild mit Meisterschale).*

*1987 wurde Bayern München mit dem zehnten Titel deutscher Rekordmeister. Trainer Udo Lattek (links) ist mit acht Meistertiteln (sechs mit München, zwei mit Mönchengladbach) bis heute der erfolgreichste Bundesligatrainer.*

Bayern München gegen Bayer Leverkusen: das Duell des „ewigen Ersten" gegen den „ewigen Zweiten". Im Bild Santa Cruz (Bayern, links) und Nowotny (Leverkusen, rechts).

19.12.1997, Dortmund gegen Schalke: In der Schlussminute stürmt Schalkes Torwart Lehmann (Bildmitte) nach vorn und köpft einen Eckball im Stil eines Mittelstürmers zum 2:2-Endstand ins Dortmunder Tor. Es war das erste Tor, das ein Torwart aus einer Spielsituation heraus erzielte.

Spitze liegen. Viele Vereine sicherten sich die Meisterschaft mit nur einem Punkt Vorsprung: Bayern 1974 und 1994, Mönchengladbach 1977, Bremen 1993, Dortmund 1995.

2001 war es besonders spannend, als der FC Bayern knapp vor Schalke 04 gewann. Der letzte Spieltag: Während Bayern gegen den HSV mit 0:1 zurückliegt, gewinnt Schalke das Spiel gegen Unterhaching mit 5:3. Die 90. Minute bricht an, die Schalker fühlen sich bereits als Meister. Doch beim HSV lässt der Schiedsrichter nachspielen – und Bayerns Andersson gelingt mit einem Freistoß das Tor zum 1:1-Ausgleich! Mit einem Punkt Vorsprung ist München wieder einmal Meister.

## Wann ist die Bundesliga besonders spannend?

Trotz Bayern München ist der Fußball spannend geblieben. Denn selbst die Bayern können einmal verlieren. Gelingen und Versagen liegen beim Fußball sehr nah beieinander. Wie leicht geht zum Beispiel ein Torschuss daneben! Selbst wenn eine Mannschaft pausenlos nach vorn stürmt, heißt das noch nicht, dass sie gewinnt. Vielleicht kommt der Gegner kurz vor Schluss zu seiner ersten und einzigen Chance – und erzielt das entscheidende Tor. Der Ausgang eines Spiels ist also immer ungewiss.

Spannung pur ist besonders dann angesagt, wenn am Ende einer Saison mehrere Mannschaften an der

## Was ist die knappste Entscheidung?

Die knappste Entscheidung im Ligafußball wird durch das Torverhältnis getroffen. Stehen am Ende einer Saison zwei Mannschaften punktgleich an der Spitze, dann wird derjenige Meister, der mehr Tore erzielt hat. Die ersten Mannschaften, die nur wegen eines besseren Torverhältnisses Meister wurden, waren Köln (1978) und Hamburg (1983). 1984 waren sogar drei Vereine punktgleich: Der VfB Stuttgart, der Meister wurde, hatte sieben Tore mehr als Hamburg und 13 Tore mehr als Mönchengladbach. 1986 genügten den Bayern neun Tore Vorsprung vor Bremen, 2000 waren sie nur ganze sieben Tore besser als ihr Konkurrent Leverkusen.

Hochspannung gab es auch beim so genannten „Herzschlag-Finale" in der Saison 1991/92: Am letzten Spieltag liegen Frankfurt, Dortmund und Stuttgart punktgleich vorn. Die Frankfurter verlieren in Rostock 1:2. Lange Zeit sieht es so aus, als würden die Dortmunder Meister werden, die in Duisburg mit 1:0 führen. Doch dann biegt der VfB Stuttgart, der in Leverkusen mit 0:1 zurückliegt, noch alles um: Erst der Treffer zum 1:1-Ausgleich, dann, drei Minuten vor dem Abpfiff, macht Guido Buchwald per Kopf das 2:1. Das bessere Torverhältnis (62:32 gegenüber 66:47) bringt Stuttgart den Titel. Hätten die Frankfurter in Rostock gewonnen, wären sie Meister geworden (Torverhältnis: 76:41).

Nicht nur an der Tabellenspitze, auch am Tabellenende ist es oft bis zum letzten Spieltag spannend. Für die Fans der betroffenen Vereine ist die Frage nach dem Abstieg genauso wichtig wie für andere die Frage nach dem Meister. Drei Vereine müssen jedes Jahr absteigen, und oft ist es zwischen dem rettenden Platz 15 und dem Abstiegsplatz 16 genauso eng wie zwischen dem Ersten und dem Zweiten der Tabelle.

## Was ist ein Abstiegsdrama?

Zum spannendsten Abstiegskampf in der Bundesliga-Geschichte kam es 1999. Fünf Mannschaften waren noch gefährdet: Nürnberg stand vor dem letzten Spieltag auf Platz 12 (37 Punkte) vor Stuttgart, Freiburg und Rostock. Frankfurt nahm mit 34 Punkten den Abstiegsplatz 16 ein. Stuttgart und Rostock gewannen und waren gerettet. Nürnberg verlor gegen Freiburg 1:2, Frankfurt gewann gegen Kaiserslautern 5:1. Beide hatten nun je 37 Punkte, Frankfurt ein Torverhältnis von 44:54, Nürnberg eines von 40:50. Nürnberg musste absteigen, denn bei Torgleichheit zählen die mehr geschossenen Tore.

*Am vorletzten Spieltag der Saison 1985/86 trifft Werder Bremen auf Bayern München. 88 Minuten lang fällt kein Tor, dann pfeift Schiedsrichter Volker Roth einen Elfmeter für die Bremer. Michael Kutzop läuft an, holt mit dem rechten Fuß aus, Bayerns Torwart Jean-Marie Pfaff macht eine Bewegung nach rechts, aber der Ball fliegt nach links. Pfaff ist machtlos – doch der Ball klatscht an den Pfosten! Es bleibt beim 0:0. Die Bremer sind so schockiert, dass sie ihr nächstes Spiel und damit die Meisterschaft verlieren.*

*Finale 2001: In der 95. Minute des letzten Saisonspiels erzielt Patrick Andersson per indirektem Freistoß das 1:1 beim Hamburger SV und sichert damit Bayern München erneut den Meistertitel.*

Beim Pokalfinale 1982 ge-
wann Bayern München ge-
gen den 1. FC Nürnberg mit
4:2. Bayern-Mittelstürmer
Dieter Hoeneß verletzte
sich dabei so schwer, dass
er nur mit einem „Turban"
weiterspielen konnte.
Trotzdem erzielte er den
letzten Treffer – per Kopf!

### ELFMETERSCHIESSEN

Schon häufiger kam es in den
Endspielen des DFB-Pokals
zum Elfmeterschießen. So
auch 1984 im Spiel Bayern
München gegen Mönchen-
gladbach, das nach der Verlängerung immer noch unentschieden 1:1 stand. Lothar
Matthäus, damals bei Gladbach, verschoss seinen Elfmeter. Die Bayern gewannen mit
7:6. Peinlich für Matthäus: Er
hatte bereits einen Vertrag bei
den Bayern in der Tasche.
1991 siegte Bremen gegen
Köln im Elfmeterschießen,
1992 Hannover 96 gegen
Mönchengladbach. Für Bayern
wurde es im Endspiel 1999
erneut dramatisch: Wieder
stand es 1:1, diesmal gegen
Bremen. Und wieder ver-
schoss Matthäus einen Elfmeter. Als dann auch noch Effenberg patzte, stand Bremen als
Pokalsieger fest.

Während in der Bundesliga nur
einige wenige
Vereine die Ti-
tel unter sich
verteilen, sieht
es im Pokalwett-
bewerb etwas
anders aus. Im Pokal haben auch die
kleinen Vereine einmal eine Chance,
den großen ein Bein zu stellen. Deshalb spricht man davon, dass der
Pokal seine „eigenen Gesetze" hat.
Selbst der FC Bayern hat im Pokal
viele Pleiten erlitten. Zwischen 1977
und 1995 verloren die Münchener
gegen den FC Homburg (1:3),
den VfL Osnabrück (4:5), die
SpVgg Bayreuth sowie ge-
gen den FV 09 Weinheim
und den TSV Vesten-
bergsgreuth (jeweils 0:1).
Aber natürlich haben die
Bayern nicht immer ver-
loren. Sie haben den

### Warum hat der Pokal seine eigenen Gesetze?

DFB-Pokal bereits
elfmal gewonnen
und sind damit Re-
kordpokalsieger. Viermal gelang ihnen sogar das „Double", der Gewinn
von Meisterschaft und Pokal in einer
Saison (1969, 1986, 2000, 2003).

Nach den Bayern war Werder Bremen mit fünf Pokalsiegen am erfolgreichsten, gefolgt von Köln, Frankfurt
und Schalke (je vier Pokalsiege). Nur
einmal gelang einem Zweitligisten
der Pokalsieg: Hannover 96 im Jahr
1992. Einige Male haben es sogar
Amateurvereine geschafft, bis ins
Endspiel vorzudringen. 1993 unterlagen die Amateure von Hertha BSC
den Profis aus Leverku-
sen nur knapp mit
0:1, 1997 hatte
der damalige
Drittligist FC
Energie Cottbus
gegen den VfB
Stuttgart mit 0:2
das Nachse-
hen.

Ein kleiner Fan von Union
Berlin freut sich über die
gute Leistung seiner
Mannschaft beim Pokal-
finale 2001 – auch wenn
der damalige Drittligist
gegen Schalke mit 0:2
verlor.

Matthäus 1984
nach seinem
verschossenen
Elfmeter

In der Europapokal-Saison 1973/74 kam es im Achtelfinale des Landesmeister-Cups zum deutsch-deutschen Duell zwischen Bayern München und Dynamo Dresden (4:3, 3:3). Mit dabei waren der heutige Bayern-Manager Uli Hoeneß (links) und der Trainer von Energie Cottbus, Eduard Geyer (rechts).

# Fußball in der DDR

## Wer war im Osten Deutschlands top?

Fußball gab es nach dem Zweiten Weltkrieg natürlich auch in der Deutschen Demokratischen Republik (DDR). Rekordmeister der von 1948 bis 1990 bestehenden DDR-Oberliga war Dynamo Berlin. Beliebter jedoch waren Mannschaften wie Dynamo Dresden, der 1. FC Magdeburg oder der 1. FC Union aus Berlin-Oberschöneweide. Nach der Wiedervereinigung 1990 wechselten viele Spitzenspieler zu Westvereinen. Ulf Kirsten (Dynamo Dresden) und Andreas Thom (Dynamo Berlin) gingen nach Leverkusen, Matthias Sammer (Dynamo Dresden) wechselte zum VfB Stuttgart. Für die wieder vereinigte 1. Bundesliga der Saison 1991/92 qualifizierten sich aus der ehemaligen DDR-Oberliga Hansa Rostock und Dynamo Dresden.

Den einzigen internationalen Triumph einer DDR-Vereinsmannschaft erreichte der 1. FC Magdeburg im Jahr 1974. Er kam bis ins Finale des Europacups der Pokalsieger und besiegte dort den hoch favorisierten AC Mailand mit 2:0. Wenn Mannschaften aus der Oberliga auf Teams der Bundesliga trafen, hatten die DDR-Klubs meistens das Nachsehen. In den 31 deutsch-deutschen Duellen blieben die Bundesligisten 28-mal Sieger.

Den größten Erfolg in ihrer Länderspielgeschichte erreichte die DDR ebenfalls 1974, als sich die Nationalmannschaft erstmals für eine WM qualifizierte. In der Vorrunde kam es zum ersten und einzigen Aufeinandertreffen der Teams aus der BRD und der DDR. Durch ein Tor von Jürgen Sparwasser in der 78. Minute gewannen die Ostdeutschen mit 1:0. Die anschließenden Niederlagen gegen Brasilien und die Niederlande beendeten das WM-Abenteuer.

Matthias Sammer war DDR-Meister mit Dynamo Dresden und anschließend in der Bundesliga Meister mit Stuttgart und Dortmund. Als erster Spieler aus der ehemaligen DDR trug er im wieder vereinigten Deutschland das Nationaltrikot.

# Vereine der Bundesliga

### FC BAYERN MÜNCHEN (GEGR. 1900)

Die Bayern sind Rekordmeister und haben seit 1974 auch international viele Erfolge errungen. Sie siegen so oft, dass es fast schon langweilig ist. Nachdem sie 2001 die Champions League und den Weltpokal gewonnen hatten, durften sie sich als „beste Vereinsmannschaft der Welt" bezeichnen. Die berühmtesten Spieler der Bayern in den 70er Jahren waren Sepp Maier, Franz Beckenbauer und Gerd Müller. In den 80ern kam die Zeit von Paul Breitner und Karl-Heinz Rummenigge; die 90er bestimmten Lothar Matthäus und Mehmet Scholl. Heute heißen die Stars Oliver Kahn und Michael Ballack. Als neuer Torjäger wurde 2003 Roy Makaay verpflichtet.
Stadion: Olympiastadion (69.000 Plätze)

### 1. FC NÜRNBERG (GEGR. 1900)

Bevor die große Zeit der Bayern begann, war der 1. FCN die beste deutsche Mannschaft, „der Club" überhaupt. Die Nürnberger waren fast unschlagbar. Bis heute wird der Verein schlicht „Club" genannt, die Fans heißen „Clubberer". Doch 1969 gelang dem 1. FCN etwas Einmaliges: Er stieg als amtierender Meister ab. Von diesem Schock haben sich die Nürnberger bis heute nicht erholt. Nicht immer spielen sie in der 1. Bundesliga. Besonders gut waren beim 1. FCN oft die Torhüter: In den 20er Jahren garantierte Heiner Stuhlfauth Meisterschaften, Anfang der 90er Jahre verhinderte Andreas Köpke mehrmals den Abstieg. Heute hat man in Nürnberg wieder einen Nachfolger des legendären Max Morlock (286 Oberliga-Tore): Das „Phantom" Marek Mintal zauberte in der Saison 2004/05 viele Tore in die gegnerischen Tornetze.
Stadion: Frankenstadion (44.600 Plätze)

### FC SCHALKE 04 (GEGR. 1904)

Schalke ist ein Stadtteil von Gelsenkirchen im Ruhrgebiet. „04" heißen die Schalker wegen des Gründungsdatums. In früheren Zeiten haben bei dem Verein viele Bergleute gespielt. Deshalb werden sie auch „die Knappen" genannt. Die Menschen im Ruhrgebiet schwärmen bis heute von zwei Schalker Spielern: Ernst Kuzorra und Fritz Szepan. Mit ihnen ist der Verein zwischen 1934 und 1942 sechsmal Deutscher Meister geworden. Den ersten internationalen Titel errangen die Schalker jedoch erst 1997, als sie den UEFA-Cup gewannen. Um endlich die achte deutsche Meisterschaft zu erringen – 2001 hätte es beinahe geklappt –, kauft Manager Rudi Assauer für viel Geld immer wieder neue Spieler.
Stadion: Arena AufSchalke (61.010 Plätze)

### HAMBURGER SV (GEGR. 1887)

Der Hamburger Sportverein ist der einzige Verein, der von sich behaupten kann, immer „erste Klasse" gewesen zu sein: Von 1963 bis heute hat er ununterbrochen in der 1. Liga gespielt. Stets hatte der HSV torgefährliche Mittelstürmer. Berühmt war Tull Harder in den 20er Jahren, noch berühmter Uwe Seeler. Der war so beliebt, dass er nur „Uns Uwe" hieß. Auch in der Bundesliga und im Europapokal war der HSV manchmal Spitze. Dann hatte man einen „rasenden Zwerg" (Spitzname für den kleinen Engländer Kevin Keegan) oder ein „Kopfball-Ungeheuer" (den großen Horst Hrubesch) in der Mannschaft. In den letzten Jahren setzte der „Dino-Klub" auf ältere Spieler – jedoch ohne großen Erfolg.
Stadion: AOL-Arena (55.000 Plätze)

### BORUSSIA MÖNCHENGLADBACH (GEGR. 1900)

Viele sagen, dass die Mönchengladbacher in den 70er Jahren den besten Fußball gespielt haben. Damals war Günter Netzer der Regisseur, im Sturm schossen Jupp Heynckes und der Däne Alan Simonsen die Tore. Die Mannschaft, die auch im Europapokal super stürmte, war so jung, dass man sie „die Fohlen" genannt hat. Später war der Verein nicht mehr so erfolgreich, stieg 1999 sogar in die 2. Liga ab. Seit 2001 ist er aber in der 1. Liga wieder dabei. Hauptverantwortlich für den Erfolg war Trainer Hans Meyer (der war 1981 mit Carl Zeiss Jena schon mal im Europacup-Finale). Kein junger Spieler mehr, aber torhungrig wie einst die „Fohlen" ist heute Oliver Neuville.
Stadion: Borussia-Park (53.158 Plätze)

### BV BORUSSIA DORTMUND (GEGR. 1909)

Der BVB (Ballsportverein Borussia) gilt als der größte Konkurrent der Bayern. Er war in den 50er Jahren schon mal ziemlich gut. Die meisten Tore schossen damals Spieler mit lustigen Namen: Kelbassa und Niepieklo. Als erster deutscher Klub haben die Borussen 1997 die Champions League gewonnen. Damals besaßen sie sehr viel Geld und konnten die besten Spieler einkaufen, so das Trio Tomas Rosicky, Jan Koller (beide Tschechien) und Marcio Amoroso (Brasilien), mit dem sie die Meisterschaft 2002 gewannen. Danach riss die Erfolgssträhne der Borussia ab: Es gab, trotz der brasilianischen Spieler im Team, viele Niederlagen und einen Haufen Schulden.
Stadion: Westfalenstadion (83.000 Plätze)

### VFB STUTTGART (GEGR. 1893)

Stuttgart war in den 50er Jahren einer der besten Vereine. Kapitän war damals Robert Schlienz. Der hatte nach einem schweren Unfall einen Arm verloren und spielte trotzdem sehr gut Fußball. 1984 holte man mit einem Super-Isländer, Asgeir Sigurvinsson, den Meistertitel. Mitte der 90er Jahre waren die Stuttgarter noch einmal richtig gut. Da schwärmten die Leute von dem „magischen Dreieck" im Sturm (Bobic, Balakov und Elber), das die Abwehr der Gegner durcheinander wirbelte. Heute hat der VfB (Verein für Ballsport) mit dem Ex-Profi Matthias Sammer als Trainer und Spielern wie Kevin Kuranyi oder Andreas Hinkel wieder Erfolg. Stadion: Gottlieb-Daimler-Stadion (49.471 Plätze)

### 1. FC KAISERSLAUTERN (GEGR. 1900)

Weil die „Lauterer" rote Trikots haben und besonders „wilde" Kicker sind, heißen die Spieler auch „rote Teufel". Sie spielen im „Fritz-Walter-Stadion". So hieß der Kapitän der deutschen Weltmeisterelf von 1954. Einen tollen Erfolg errangen die Lauterer 1998: Da wurden sie als Aufsteiger Meister. Danach war in Lautern, nicht nur im Stadion, oft die Hölle los: Es gab viel Streit unter Spielern, Trainern und Funktionären. Am schlimmsten waren die Eifersüchteleien zwischen Trainer Andreas Brehme und dem französischen Nationalspieler Youri Djorkaeff. Heute sorgt der neue Trainer Kurt Jara, ein gemütlicher Österreicher, wieder für Ruhe. Für die Ordnung auf dem Platz zuständig ist der Schweizer Ciriaco Sforza. Stadion: Fritz-Walter-Stadion (48.500 Plätze)

### SV WERDER BREMEN (GEGR. 1899)

Die Bremer waren viele Jahre lang der härteste Konkurrent von Bayern München. Dazwischen gab es aber auch einige Auf und Abs. Bei anderen Vereinen wird meist der Trainer entlassen, wenn es mal nicht so gut läuft. In Bremen aber vertraute man 14 Jahre lang auf Otto Rehhagel. Mit ihm und ausländischen Topspielern wie Andreas Herzog (Österreich), Wynton Rufer (Neuseeland) und Rune Bratseth (Norwegen) gewann Werder 1992 den Europacup der Pokalsieger. Auch ohne viel Geld errangen die Bremer unter Trainer Schaaf weitere Erfolge. Im Jahr 2004 gewannen sie das „Double" (Meisterschaft und Pokal). Statt des Brasilianers Ailton, der 2004/05 zu Schalke 04 wechselte, geht heute Miroslav Klose auf Torejagd. Stadion: Weserstadion (43.000 Plätze)

### 1. FC KÖLN (GEGR. 1948)

Bekannt sind die Kölner wegen ihres Maskottchens, einem Geißbock namens „Hennes". Als die Bundesliga gegründet wurde, waren die „Geißböcke" der beste Verein. Bester Spieler war der Supertechniker Wolfgang Overath. Auch später kickten noch gute Spieler in Köln, zum Beispiel der säbelbeinige Pierre Littbarski und der x-beinige Torwart Toni Schumacher. Sehr beliebt war der Österreicher Toni Polster. Wenn er aufs Tor stürmte, hieß es: „Toni, lass' es polstern." Als Toni nicht mehr polsterte, stiegen die Kölner ab. Heute macht Lukas „Poldi" Podolski die Tore – wenn es sein muss, auch in der 2. Liga. Stadion: RheinEnergieStadion (50.374 Plätze)

### HERTHA BSC BERLIN (GEGR. 1892)

Der Berliner Ballsportclub (BSC) wurde vor über 100 Jahren auf einem Flussdampfer gegründet. Der hieß Hertha, und deswegen hat man gleich den Verein auf diesen Namen getauft. Hertha war um 1930 schon einmal einer der besten Vereine. Der Stürmer Hanne Sobek war damals das Vorbild aller Berliner Jungs. Seit einigen Jahren schielt Hertha, angeführt von dem Super-Brasilianer Marcelinho und dem deutschen Jung-Nationalspieler Arne Friedrich, wieder nach dem deutschen Meistertitel. Vielleicht wird ja im neuen Stadion etwas daraus, das jetzt auch eine hertha-blaue 400-Meter-Laufbahn hat. Stadion: Olympiastadion (76.000 Plätze; im Umbau)

### EINTRACHT FRANKFURT (GEGR. 1899)

Die Frankfurter spielten oft guten Fußball. Zwei Weltmeister von 1974, Jürgen Grabowski und Bernd Hölzenbein, gehörten zur Mannschaft der Eintracht. Tollen Fußball boten die Frankfurter auch 1992, als Andreas Möller, Uwe Bein, Jay-Jay Okocha und Anthony Yeboah stürmten. Deutscher Meister sind sie aber trotzdem nicht geworden. Wenn es darauf ankam, spielte die Eintracht nämlich oft auch schlecht. Deswegen hat sie auch den Namen „launische Diva" bekommen. 2001 sind die Frankfurter abgestiegen. Seither sind sie eine „Fahrstuhlmannschaft": Sie steigen auf (2003) und gleich wieder ab (2004). Aber eine Diva, das ist klar, gehört eigentlich in die 1. Liga. Stadion: Waldstadion (37.000 Plätze)

## SC FREIBURG (GEGR. 1904)

Die Freiburger sind einer der ärmsten Klubs der Bundesliga. Seit 1991 werden sie von dem Lehrer Volker Finke trainiert. Er sucht immer wieder junge Talente, die er schönen und schnellen Angriffsfußball spielen lässt. 1995 hatten die wegen ihrer tollen Technik auch „Breisgau-Brasilianer" genannten Freiburger mit dem dritten Platz in der Bundesliga ihren größten Erfolg. Angst kennen die frechen Freiburger nicht: Wenn sie mal absteigen müssen, sind sie in der nächsten Saison wieder da.

Stadion: badenova-stadion (25.000 Plätze)

## VFL WOLFSBURG (GEGR. 1945)

Die Wolfsburger werden von dem Autohersteller Volkswagen unterstützt. 1997 sind sie in die 1. Bundesliga aufgestiegen. Sie werden auch „die Wölfe" genannt. Ihr Trainer hieß lange Zeit Wolfgang Wolf, doch trotz des passenden Namens wurde er entlassen. Während Wolf nun in Nürnberg ein anderes Fußballer-Rudel trainiert, setzt man in Wolfsburg auf den „Biss" des Argentiniers Andres d'Alessandro und des deutschen Nationalspielers Thomas Brdaric.

Stadion: Volkswagen-Arena (30.000 Plätze)

## BAYER 04 LEVERKUSEN (GEGR. 1904)

Die Leverkusener heißen „Bayer", weil sie zu der Chemiefabrik gleichen Namens gehören. Seit Jahren träumen sie davon, einmal Deutscher Meister zu werden. Mehr als der zweite Platz hinter Bayern München ist aber noch nie herausgesprungen. Im Jahr 2000 fehlten ihnen am Ende nur sieben Tore zum Titel. Weil er auch einmal Meister werden will, ist Topstar Michael Ballack nach München gewechselt. Trotzdem mischt Leverkusen weiter ganz oben mit – angeführt von den Ex-Nationalspielern Klaus Augenthaler als Trainer und Rudi Völler als Sportdirektor.

Stadion: BayArena (22.500 Plätze)

## FC ST. PAULI (GEGR. 1910)

St. Pauli ist ein Stadtteil von Hamburg. Der Verein hat kaum Geld und keine bekannten Spieler. Trotzdem ist er 2001 in die 1. Bundesliga aufgestiegen. Auch früher war er immer wieder einmal erstklassig. Allerdings nie besonders lange. Erstklassig aber sind immer die Fans geblieben. Sie machen im Stadion am Millerntor einen Höllenlärm. Viele von ihnen schwenken Piratenfahnen. Und das wird so bleiben – egal, ob St. Pauli gerade in der 1., 2. oder 3. Liga spielt.

Stadion: Millerntor (20.551 Plätze)

## TSV MÜNCHEN 1860 (GEGR. 1899)

Der Turn- und Sportverein (TSV) ist bekannt für seine strengen Trainer. Der Meister-Trainer von 1966 hieß Max Merkel. Ein Buch von ihm trug den Titel „Mit Zuckerbrot und Peitsche". Später wurde 1860 jahrelang von dem weißhaarigen Werner Lorant trainiert. Wenn er zornig war, fuchtelte er mit den Armen wie ein Dompteur und brüllte wie ein Löwe. Er passte gut zu den „Sechzigern", die man ja auch die „Löwen" nennt. Heute klingt das Brüllen der „Löwen", die in der 2. Liga wieder im alten Stadion an der Grünwalder Straße kicken, leider nicht mehr so beeindruckend.

Stadion: Grünwalder Straße (19.772 Plätze)

## FC ENERGIE COTTBUS (GEGR. 1966)

Cottbus ist ein Städtchen im Südosten des Bundeslandes Brandenburg. Die Energie-Spieler sind bekannt für ihren Kampfgeist. Doch am eifrigsten war oft der Mann am Spielfeldrand, Trainer Eduard Geyer. Früher hat er die Nationalmannschaft der damaligen DDR trainiert. Heute versucht Cottbus, in der 2. Liga Dampf zu machen. Der neue Trainer sucht allerdings noch die Stürmer, die genug Tore für einen Wiederaufstieg schießen können.

Stadion: Stadion der Freundschaft (22.450 Plätze)

## FC HANSA ROSTOCK (GEGR. 1965)

Die „Hanse" war ein Bund von Handelsstädten im Mittelalter. Rostock an der Ostsee gehörte dazu. 1991 waren die Rostocker der letzte Deutsche Meister in der Oberliga Nordost und qualifizierten sich für die Bundesliga. 1992 stiegen sie ab, doch schon 1995 gelang ihnen die Rückkehr in die 1. Liga. Seitdem kämpfen sie gegen den Abstieg. Um ihn zu verhindern, setzt Hansa vor allem auf schwedische Spieler. Von ihnen erhofft man sich auch, dass sie viele Fans aus Skandinavien anlocken, damit das Ostseestadion voller wird.

Stadion: Ostseestadion (30.000 Plätze)

## SpVgg GREUTHER FÜRTH (GEGR. 1903)

Das Wappen der Fürther ist das Kleeblatt. Tatsächlich hatten sie viel Glück im Fußball und wurden bis 1929 dreimal Meister. Danach lief es nicht mehr so gut. 1996 taten sich die Fürther mit dem TSV Vestenbergsgreuth zusammen. Seitdem heißen sie „Greuther Fürth". Das klingt fast wie „Kräuter". Tatsächlich ist „Greuth" ein Dorf, in dem Tee hergestellt wird. 1994 schlug der TSV Vestenbergsgreuth, noch ohne die Fürther, den FC Bayern im Pokal mit 1:0. Heute wollen die Fürther endlich in der Bundesliga ihr Kleeblatt zeigen.

Stadion: Playmobil-Stadion (15.500 Plätze)

## HANNOVER 96 (GEGR. 1896)

Im Jahr 1938 standen die Hannoveraner im Endspiel gegen Schalke 04. Sie benötigten ein Wiederholungsspiel und zwei Verlängerungen – insgesamt 240 Minuten –, um am Ende mit 7:6 zu gewinnen. So lange hat weder vorher noch nachher eine Mannschaft gebraucht, um Deutscher Meister zu werden. 1989 sind die 96er aus der 1. Liga abgestiegen. Unter Trainer Ralf Rangnick wurden sie 2002 wieder erstklassig. Heute haben sie mit dem

Abwehr-As Per Mertesacker sogar wieder einen Nationalspieler in ihren Reihen.
Stadion: AWD-Arena (49.500 Plätze)

### ARMINIA BIELEFELD (GEGR. 1905)

Die Bielefelder wissen nicht so recht, wohin sie gehören. Manchmal sind sie erstklassig, manchmal auch nur drittklassig. Seit vielen Jahren steigen sie immer wieder auf und ab. Große Schlagzeilen machte die Arminia 1971 beim so genannten „Bundesliga-Skandal". Weil sie in Abstiegsgefahr waren, kamen die Bielefelder auf die Idee, den Spielern von Schalke 04 und Hertha BSC viel Geld zu geben, damit diese absichtlich verloren. Als die Sache herauskam, wurden viele Spieler bestraft und die Arminia in die Regionalliga zurückversetzt. Heute gibt es auf der Bielefelder „Alm", wo auch der Nationalspieler Patrick Owomoyela seine Schuhe schnürt, natürlich keine solchen Sünden mehr.
Stadion: Alm (26.600 Plätze)

### VFL BOCHUM (GEGR. 1938)

Den Verein für Leibesübungen (VfL) gibt es bereits seit 1848, doch erst seit 1938 wird dort auch Fußball gespielt. 1971 stiegen die Bochumer in die 1. Bundesliga auf. Weil sie sich dort mit viel Glück lange hielten, bekamen sie den Spitznamen „die Unabsteigbaren". 1993 hat es sie dann doch erwischt. Seitdem pendeln sie zwischen 1. und 2. Liga. In der Saison 2003/4 war der VfL besser als die großen Ruhrpott-Konkurrenten Dortmund und Schalke. Trainer Neururer, der nur nach Niederlagen zum Friseur geht, hatte da sehr lange Haare.
Stadion: Ruhrstadion (32.645 Plätze)

### KARLSRUHER SC (GEGR. 1894)

Karlsruhe hieß früher „Phönix" und wurde unter diesem Namen einmal Meister. Eine Sternstunde war der UEFA-Pokal 1993, als „Euro-Eddy" Schmitt viele Tore schoss. Unter anderem besiegte man den FC Valencia mit 7:0. In der Bundesliga ist der KSC vor allem als Lieferant junger Spieler für den

FC Bayern bekannt geworden: Mehmet Scholl und Oliver Kahn haben ihre Karriere in Karlsruhe begonnen. Ihr Talent entdeckte Winfried Schäfer, der dort bis zum Abstieg 1998 Trainer war. Heute versucht die Mannschaft um Kapitän Danny Schwarz, wenigstens zweitklassig zu bleiben.
Stadion: Wildparkstadion (33.796 Plätze)

### 1. FC UNION BERLIN (GEGR. 1966)

Union spielt in Rot-Weiß und kommt aus Oberschöneweide. Das ist ein Stadtteil im Osten von Berlin. Die Einheimischen nennen ihn scherzhaft „Oberschweineöde". Das Stadion von Union liegt in der Wuhlheide und heißt „Alte Försterei". Union war in der ehemaligen DDR der beliebteste Verein und hatte viele Fans. Das ist auch heute noch so. Zum Pokalendspiel 2001 gegen Schalke kamen sie alle mit roten Perücken. Beim Abstieg aus der 2. Liga in die Regionalliga Nord bekamen viele Fans dann aber eher graue Haare.
Stadion: Alte Försterei (18.100 Plätze)

 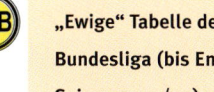 

# Bundesliga-Rekorde

**„Ewige" Tabelle der Bundesliga (bis Ende Saison 2003/04):**
1. Bayern München (2532 Punkte, 2846:1582 Tore)
2. Hamburger SV (2101 Punkte, 2333:1984 Tore)

**Rekordvorsprung:**
15 Punkte (Bayern München vor Bayer Leverkusen, 1999)

**Höchste Siege/ Niederlagen:**
12:0 (Borussia Mönchengladbach – Borussia Dortmund, 1977/78)
11:0 (Borussia Mönchengladbach – FC Schalke 04, 1966/67)
11:1 (Bayern München – Borussia Dortmund, 1971/72)
11:1 (Borussia Dortmund – Arminia Bielefeld, 1982/83)

**Die meisten Tore pro Saison:**
101 Treffer (Bayern München 1972)

**Die verrücktesten Spiele:**
7:4 (Kaiserslautern – Bayern München, 1973: Die Lauterer liegen 1:4 zurück und gewinnen 7:4.)
6:5 (Bayern München – VfL Bochum, 1976: München liegt mit 0:4

zurück und gewinnt mit 6:5.)

**Rekord-Torjäger: Die meisten Tore:**
1. Gerd Müller, Bayern München (365 Tore)
2. Klaus Fischer, Schalke 04 (268 Tore)
3. Jupp Heynckes, Borussia Mönchengladbach (220 Tore)
4. Manfred Burgsmüller, Borussia Dortmund (213 Tore)

5. Ulf Kirsten, Bayer Leverkusen (181 Tore)

**Die meisten Tore pro Saison:**
40 Tore (Gerd Müller, Bayern München, 1971/72)

**Die meisten Tore in einem Spiel:**
6 Tore (Dieter Müller, 1. FC Köln, 1977); darunter ein Hattrick: drei Tore nacheinander in einer Halbzeit.

**Rekordspieler:**
1. Karl-Heinz Körbel (Eintracht Frankfurt): 602 Einsätze
2. Manfred Kaltz (Hamburger SV): 581 Einsätze

**Die meisten Titel:**
Klaus Augenthaler (Bayern München):
7 x Deutscher Meister, 3 x Pokalsieger

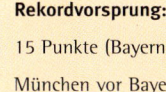

## ALTERSKLASSEN

Manche Kinder fangen mit dem Fußball bereits bei den „Minis" an, der G-Jugend (4-6 Jahre). Dann folgen im Zwei-Jahres-Abstand die weiteren Altersklassen (F, E, D, C, B) bis hin zur A-Jugend, den 16- bis 18-Jährigen. Bis zur E-Jugend (8-10 Jahre) wird mit nur sieben Spielern auf einem kleineren Spielfeld und auf kleinere Tore gespielt (2 Meter hoch, 5 Meter breit).

## WETTBEWERBE

In den Wettbewerben der A- und B-Jugend um die Deutsche Meisterschaft, die seit 1969 bzw. 1977 ausgetragen werden, stellten der VfB Stuttgart (14 Titel) und Borussia Dortmund (9 Titel) die besten Mannschaften. Die Bilanz der deutschen Nationalteams bei den Junioren- und Jugend-Weltmeisterschaften ist eher bescheiden. Die WM der „Unter-20-Jährigen" (U20-WM) konnte die Bundesrepublik einmal gewinnen (1981), bei der U17-WM war der größte Erfolg das Erreichen des Endspiels 1985. Besser sieht es bei den Europameisterschaften aus. Bei der B-Jugend-EM (U16/17) gewann die BRD zweimal den Titel (1984 und 1992), bei der A-Jugend-EM (U18/19) konnte sie sich bislang einmal (1981) den Titel sichern. Auch der Auswahl der ehemaligen DDR gelang in der A-Jugend-EM einmal der Titelgewinn (1986).

# Jugendfußball

**Wo beginnen die Bundesliga-Stars ihre Karriere?**

In Deutschland spielen knapp zwei Millionen Kinder und Jugendliche im Verein Fußball. Die Basis für die Jugendarbeit sind nicht die großen Klubs wie Bayern München und Borussia Dortmund, sondern die unzähligen kleinen Vereine. Viele Stars haben hier ihre Karriere begonnen. Sebastian Deisler kickte als Junge beim FV Turmringen, Jens Jeremies holte sich bei Motor Görlitz den ersten Schliff, Mehmet Scholl erlernte das kleine Fußball-Einmaleins beim SV Nordwest Karlsruhe.

*In den unteren Jahrgängen wird noch nicht um deutsche Meisterschaften und Pokalsiege gekämpft. Es geht weniger ernst zu, Jungen und Mädchen kicken oft noch gemeinsam in einer Mannschaft.*

### JUNIOREN- UND JUGEND-WELTMEISTER

**Junioren (U20)**
1977 Sowjetunion
1979 Argentinien
1981 BR Deutschland
1983 Brasilien
1985 Brasilien
1987 Jugoslawien
1989 Portugal
1991 Portugal
1993 Brasilien
1995 Argentinien
1997 Argentinien
1999 Spanien
2001 Argentinien
2003 Brasilien

**Jugend (U17)**
1985 Nigeria
1987 Sowjetunion
1989 Saudi-Arabien
1991 Ghana
1993 Nigeria
1995 Ghana
1997 Brasilien
1999 Brasilien
2001 Frankreich
2003 Brasilien

*Teuerster Nachwuchsspieler aller Zeiten: Javier Saviola (Argentinien). Seine Ballkünste sicherte sich der FC Barcelona für 36 Millionen Euro.*

Seit den 90er Jahren bemüht sich der DFB verstärkt um die Förderung des Fußball-Nachwuchses. So hat man zum Beispiel Jugendliche im Alter von 16 bis 20 Jahren zu Jungtrainern und -trainerinnen für die F- und E-Jugend ausgebildet. Vereine, denen es

**Wie wird der Nachwuchs gefördert?**

gelingt, einen Jugend-Nationalspieler heranzubilden, erhalten eine besondere finanzielle Unterstützung. Die Bundesliga-Vereine wurden verpflichtet, Jugendleistungszentren zu errichten. So entstand über ganz Deutschland verteilt ein Netz von Fußball-Stützpunkten. Dort sollen vor allem 11- bis 12-jährige Jugendliche in Lehrgängen gezielt trainiert werden, denn dieses Alter ist entscheidend für die Ausbildung der technischen Möglichkeiten.

Einige Talente schafften schon sehr früh den Sprung in die „richtige" Nationalelf. Uwe Seeler gab sein Debüt mit 17

**Wie jung waren die jüngsten National-spieler?**

Jahren, der Schalker Olaf Thon mit 18. Noch im Junioren-Alter waren die Stuttgarter Kevin Kuranyi und Andreas Hinkel, als sie sich 2003 erstmals das Nationaltrikot überstreiften. Seit 2004 berief Bundestrainer Jürgen Klinsmann zahlreiche weitere junge Spieler in die Nationalelf: Sie sollen 2006 Weltmeister werden.

**TIPP:**

Auf der Junior-Ecke des DFB kann man sich viele Fußballtricks auf Video anschauen. Außerdem findet man unter „www.dfb.de" auch viele andere Informationen rund um das Thema Fußball.

# Der Europacup

*1966 hob Stan Libuda (Borussia Dortmund) aus rund 30 Metern den Ball gefühlvoll über den Torwart von Liverpool hinweg ins Tor. Dortmund gewann 2:1 und war damit Deutschlands erster Europacup-Gewinner.*

### UEFA

**Der Europäische Fußballverband UEFA – die Abkürzung steht für „Union Européenne de Football Association" – wurde am 15. Juni 1954 gegründet. Ihm gehören alle nationalen Fußballverbände Europas an. Die UEFA organisiert alle europäischen Fußball-Wettbewerbe, sowohl für die Vereine (UEFA-Pokal und Champions League) als auch für die Nationalmannschaften (Europameisterschaft).**

Die Europapokal-Spiele sind alljährlich die Höhepunkte der Fußballsaison.

**Welche Europapokal-Wettbewerbe gibt es?**

Bis vor kurzem gab es drei Europapokale (oder Europacups): Im Europacup der Landesmeister maßen die Meister der nationalen Ligen ihre Kräfte, im Europacup der Pokalsieger traten die Sieger der nationalen Pokalwettbewerbe gegeneinander an und im UEFA-Cup diejenigen Mannschaften, die in den nationalen Ligen zweite und dritte Plätze belegt hatten.

**Wann wurde der erste Europacup ausgetragen?**

1955/56 setzte der Europäische Fußballverband UEFA erstmals die Idee eines gesamteuropäischen Pokalwettbewerbs in die Tat um, an dem alle Meister der nationalen Ligen teilnehmen und in Hin- und Rückspiel gegeneinander antreten, um einen Meister des Kontinents zu ermitteln. 16 nationale Meister gingen damals beim ersten Europacup der Landesmeister an den Start. 1958 folgte der Messecup (seit 1971 UEFA-Cup). Der Europa-

cup der Pokalsieger wurde 1960/61 eingeführt und 1999 mit dem UEFA-Cup zusammengelegt.

**Was ist die Champions League?**

1992/93 wurde an Stelle des Europacups der Landesmeister die Champions League eingeführt. Für die Champions League sind nicht nur die Landesmeister qualifiziert, sondern auch diejenigen Vereine, die in den stärksten nationalen Ligen vordere Plätze belegt haben. Wie ein Blick in die Siegerlisten zeigt (Seite 103/4), stellten Klubs aus England, Spanien, Italien und

*Jubel bei Horst Hrubesch und Felix Magath: Der Hamburger SV gewann 1983 gegen Juventus Turin mit 1:0 und war damit der letzte deutsche Sieger im alten Europapokal der Landesmeister.*

*UEFA-Pokal*

*Europapokal der Pokalsieger*

*Europapokal der Landesmeister bis 1992, ab 1992 Champions League-Pokal*

Deutschland bisher die meisten Sieger in den europäischen Fußball-Wettbewerben. Diese vier erfolgreichsten Nationen dürfen in der Champions League jeweils bis zu vier Vereine an den Start schicken.

Während Meister und Vizemeister direkt qualifiziert sind, werden alle weiteren Teilnehmer durch ein Qualifikationssystem ermittelt. Welcher Landesverband wie viele Vereine in die Qualifikation schicken darf, entscheidet die UEFA nach einem komplizierten Rechenverfahren, mit dem Jahr für Jahr die Spielstärke der einzelnen nationalen Ligen ermittelt wird. Die Landesmeister fußballerisch weniger bedeutender Länder müssen sich ebenfalls erst in einer Vorrunde qualifizieren.

Die Hauptrunde der Champions League wird zunächst im Ligasystem ausgetragen. In der 1. Runde treten die 32 Teilnehmer in acht Gruppen zu je vier Vereinen an, in der 2. Runde bleiben 16 Vereine übrig, die erneut in Vierergruppen gegeneinander spielen. Viertel- und Halbfinale werden dann im K.O.-System ausgetragen. Bis zum Finale gibt es Hin- und Rückspiele. Der Sieger im Finale darf sich „beste Vereinsmannschaft Europas" nennen.

Im Verhältnis zur Champions League, der „Königsklasse" im europäischen Vereinsfußball, hat der UEFA-Cup heute nicht mehr allzu viel Bedeutung. Er ist eine Art „Trostrunde" für die, die an der Qualifikation zur Champions League gescheitert sind. Seit 1999 treten in diesem Wettbewerb auch die nationalen Pokalsieger an.

*UEFA-Pokalsieger 1997 durch Elfmeterschießen gegen Inter Mailand: der FC Schalke 04*

**ALS ERFINDER** des Europapokals der Landesmeister gilt Gabriel Hanot, ehemals Herausgeber der französischen Sportzeitung „L'Equipe". Nachdem sich im Dezember 1954 der englische Meister Wolverhampton nach Siegen über die Meister aus Russland und Ungarn, Spartak Moskau und Honved Budapest, zum „Europameister" ausgerufen hatte, erhob Hanot Einspruch: Nur der Sieger eines Wettbewerbs, an dem alle Meister der nationalen Ligen teilnehmen, dürfe sich als Meister aller europäischen Klubs bezeichnen. So wurde die Idee des Europacups geboren.

*Der erste deutsche Champions League-Sieger war 1997 Borussia Dortmund. Lars Ricken stemmt den Pokal.*

*Nur Vereine, die genug Geld haben, um Spitzenspieler einzukaufen, können mit den besten Mannschaften Europas mithalten. Im Bild das teuerste Trio der Bundesliga: Jan Koller, Tomas Rosicky und Marcio Amoroso von Borussia Dortmund (v.l.n.r.)*

*Die Kapitäne der beiden besten Teams in den 70er Jahren: Franz Beckenbauer (Bayern München) und Johan Cruyff (Ajax Amsterdam)*

### FLUTLICHTSPIELE

Europapokalspiele sind „Flutlicht-Spiele". Damit der nationale Ligabetrieb, der an den Wochenenden stattfindet, nicht gestört wird, müssen sie an den Abenden von Werktagen ausgetragen werden. Transportiert werden die Mannschaften mit Flugzeugen. Nur so kann Bayern München zum Beispiel am Mittwoch in Madrid antreten und am darauf folgenden Samstag in Hamburg. Bevor der zivile Luftverkehr nicht entsprechend ausgebaut war, also vor den 50er Jahren, hätte ein Wettbewerb wie der Europapokal gar nicht durchgeführt werden können.

## Wer gewinnt im Europacup?

Es sind vier Fußball-Nationen, die seit 1955 die europäischen Wettbewerbe nahezu unter sich ausgemacht haben. Von den 135 Titeln, die bis 2004 in den drei Europacup-Wettbewerben (Landesmeister, Pokalsieger, UEFA-Cup) vergeben wurden, haben England, Spanien, Italien und Deutschland allein 97 errungen. An englische und italienische Vereine gingen je 27 Titel, an spanische 26 und an deutsche 17.

Dass nur wenige Vereine aus wenigen Ländern den europäischen Fußball beherrschen, ist kein Zufall, sondern hat mit Geld zu tun. Der Präsident von Real Madrid, Santiago Bernabeu, hat schon vor fünfzig Jahren auf der ganzen Welt die besten Fußballer eingekauft und die „Königlichen" auf diese Weise zum erfolgreichsten Verein gemacht. Später haben auch andere Top-Vereine in ähnlicher Weise mit dem Geld nur so um sich geworfen. Von den 49 Fußballern, die bis 2004 zu „Europas Spieler des Jahres" gewählt wurden, waren 37 bei einem der neun großen europäischen Klubs unter Vertrag. Neben Real Madrid sind das der FC Barcelona, Juventus Turin, AC und Inter Mailand, der FC Liverpool,

*Letzter deutscher Sieger im Europapokal der Pokalsieger war Werder Bremen 1992. Die von Otto Rehhagel trainierte Mannschaft besiegte AS Monaco mit 2:0. Vorn im Bild Kapitän Mirko Votava.*

Manchester United sowie Ajax Amsterdam und Bayern München.

Seit über vierzig Jahren begeistert der Europacup, weil in diesem Wettbewerb die besten Spieler und Vereine ihre Kräfte messen. Das garantiert tolle Spiele. Besonders spannend wird es immer dann, wenn zwei Super-Mannschaften aufeinander treffen. Manchmal können aber auch Außenseiter ein großes Team herausfordern. Solche Sternstunden des Fußballs finden immer überraschend statt. So war es zum Beispiel 1962, als die Superstars von Real Madrid gegen Benfica Lissabon nach einer 2:0-Führung noch mit 3:5 verloren. Bester Spieler war Eusebio, ein 20-jähriger Junge aus Mosambik. Dieses Finale, das Eusebio mit seinen Toren zum 4:3 und 5:3 innerhalb von sechs Minuten entschied, gilt bis heute als eines der besten der Europacup-Geschichte.

> **Warum ist der Europacup besonders spannend?**

Ähnlich dramatische Spiele gab es im Europacup immer wieder. Als „Mannschaft der Aufholjagden" schrieb Werder Bremen Fußballgeschichte. 1987 hatten die Bremer bei Spartak Moskau mit 1:4 verloren. Dann gewannen sie im Rückspiel mit 6:2 und waren eine Runde weiter. 1989 machten sie ein 0:3 bei Dynamo Berlin mit einem 5:0-Heimsieg vergessen. 1993 vollbrachten sie noch einmal ein ähnliches Kunststück. Mit 0:3 lagen sie im Weserstadion gegen den RSC Anderlecht hinten, dann holten sie auf, Tor um Tor, und gewannen mit 5:3.

*Marco van Basten, Stürmer des AC Mailand. Nach Johan Cruyff und Michel Platini ist auch er dreimal zu Europas bestem Spieler des Jahres gewählt worden (1988, 1989, 1992).*

## SPIELER-TRANSFER

Mit Transfer bezeichnet man den Wechsel eines Spielers von einem Verein zu einem anderen. Dabei geht es oft um Millionen. Der Verein, der einen Spieler abgibt, erhält große Summen, der Spieler selbst bekommt häufig ein so genanntes „Handgeld". Nur die Vereine, die entweder durch vermögende Sponsoren oder durch vergangene Erfolge viel Geld angehäuft haben, können es sich leisten, die besten Spieler zu sich zu holen. Bayern München zum Beispiel hat schon zahlreiche Topspieler von anderen Bundesliga-Klubs eingekauft. Den teuersten Transfer leistete sich jedoch Borussia Dortmund, das für den Brasilianer Marcio Amoroso sowie die beiden Tschechen Jan Koller und Tomas Rosicky insgesamt knapp 50 Millionen Euro zahlte. Mit den reichsten europäischen Vereinen können die Bundesliga-Klubs jedoch nicht mithalten. Im Jahr 2003 spielten die teuersten Spieler der Welt bei Real Madrid: der Portugiese Luis Figo und der Franzose Zinedine Zidane (Transferwert insgesamt: 130 Millionen Euro). Allerdings sind heute auch die einst finanzstarken Traditionsvereine in Spanien und Italien so hoch verschuldet, dass weiteren Transfer-Rekorden Grenzen gesetzt sind.

## AUSWÄRTS-TOR

Um Wiederholungsspiele zu vermeiden, führte die UEFA 1969/70 die Auswärtstor-Regelung ein. Bei Punkt- und Torgleichheit kommt diejenige Mannschaft weiter, die mehr Auswärtstore erzielt hat (1:2 ist also besser als 0:1).

## LOS UND ELFMETER

1964/65 scheiterte der 1. FC Köln im Viertelfinale des Cups der Landesmeister am FC Liverpool. Nach einem 0:0 im Hinspiel und einem 2:2 nach der Verlängerung im Rückspiel entschied, wie damals üblich, das Los – eine kleine, runde Plakette aus Holz. Liverpool hatte sich für die rote, Köln für die weiße Seite entschieden. Beim zweiten Versuch kam es zur Entscheidung: Rot. Liverpool war weiter. 1970 schaffte die UEFA den Losentscheid ab. Seitdem gibt es nach ergebnisloser Verlängerung Elfmeterschießen.

### Wann klatschten sogar die Gegner Beifall?

Die erste deutsche Mannschaft, die im Europacup ein Finale erreichte, war Eintracht Frankfurt. Zum Halbfinale des Wettbewerbs 1959/60 bezwang der Deutsche Meister im heimischen Waldstadion die Glasgow Rangers sensationell mit 6:1. Als man auch noch das Rückspiel in Glasgow mit 6:3 gewann, waren selbst die Verlierer begeistert. Die Glasgower Spieler beglückwünschten die Sieger und spendeten Beifall. Im Finale, das vor 135.000 Zuschauern ebenfalls in Glasgow stattfand, hatte Frankfurt dann aber gegen das übermächtige Real Madrid keine Chance. Mit 3:7 musste man sich geschlagen geben. Drei Tore schoss damals der Argentinier di Stefano, gleich vier der Ungar Ferencz Puskás. Die Frankfurter waren aber überhaupt nicht enttäuscht, dass sie gegen solche Klassespieler verloren hatten. Sie waren glücklich, bei einem so tollen Spiel dabei gewesen zu sein, und klatschten begeistert, als ihre Bezwinger mit dem Pokal eine Ehrenrunde hinlegten.

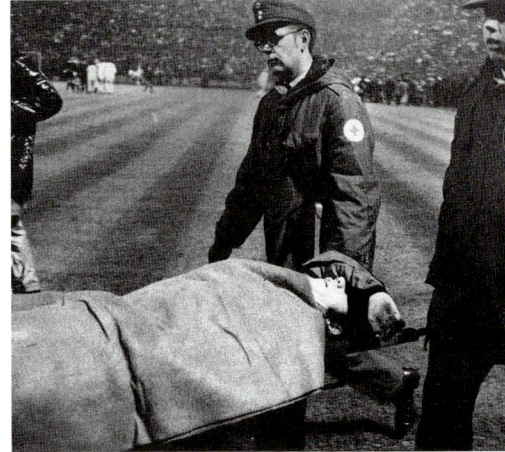

Nach dem verhängnisvollen Büchsenwurf am Bökelberg: Sanitäter tragen den italienischen Spieler Boninsegna vom Platz.

### Was war der Büchsenwurf vom Bökelberg?

In der 28. Minute des Achtelfinales im Cup der Landesmeister 1971 lagen die furios spielenden Gladbacher gegen Inter Mailand bereits mit 2:1 vorn. Plötzlich flog eine halb gefüllte Cola-Dose aufs Spielfeld. Inter-Mittelstürmer Boninsegna, angeblich am Kopf getroffen, brach zusammen und musste vom Platz getragen werden. Die Gladbacher ließen sich von dem Zwischenfall nicht beirren. Als das Spiel fortgesetzt wurde, spielten sie wie im Rausch und siegten mit 7:1. Es war das beste Spiel, das eine deutsche Mannschaft je im Europapokal zeigte. Jupp Heynckes (2), Ulrik Le Fevre (2), Günter Netzer (2) und Klaus Sieloff schossen die Tore.

Nach dem Abpfiff lagen sich die Spieler jubelnd in den Armen. Doch wenige Tage später waren sie schockiert. Die Italiener hatten wegen des Büchsenwurfes gegen die

Die Supermannschaft von Real Madrid im Jahr 1960. Vorn kniend der legendäre Sturm: Canario, del Sol, di Stefano, Puskás, Gento (v.l.n.r.)

Wertung des Spiels protestiert. Mit Erfolg: Es wurde wiederholt und endete 0:0. Damit war Gladbach ausgeschieden, denn es hatte zuvor in Mailand mit 2:4 verloren.

Am 15. Mai 1974, knapp zwei Monate, bevor Deutschland in München Weltmeister wurde, spielte Bayern München in Brüssel gegen Atletico Madrid 1:1. Es war die erste Teilnahme einer deutschen Mannschaft an einem Endspiel im Landesmeister-Wettbewerb seit 1960. Die Spanier führten in der Verlängerung des Finales durch Luis mit 1:0. Die Bayern hatten schon aufgegeben, da erzielte der Verteidiger Georg Schwarzenbeck mit einem Verzweiflungsschuss

**Wann war die letzte Minute entscheidend?**

*Manchesters Spieler jubeln nach ihrem Sieg über die Bayern.*

fast von der Mittellinie aus den Ausgleich. Im Wiederholungsspiel zwei Tage später drehten die Bayern dann auf. Je zwei Tore von Uli Hoeneß und Gerd Müller sorgten für einen 4:0-Triumph. Erstmals hatte eine deutsche Mannschaft den höchsten Titel Europas errungen.

In den Jahren 1975 und 1976 gewannen die Münchener erneut den Europacup der Landesmeister. Den drei Siegen folgten drei Finalniederlagen: 1982 unterlagen sie Aston Villa, 1987 dem FC Porto, und 1999 verloren sie in einem dramatischen Spiel gegen Manchester United. Wie 1974 waren wieder die letzten Minuten entscheidend. Bis zur 90. Minute führten die Bayern mit 1:0. Doch in der Nachspielzeit gelangen Manchester noch zwei Treffer. Beide Tore hatte David Beckham per Eckball vorbereitet.

*Sieg und Niederlage: 1974 feierten „Bulle" Roth und Paul Breitner nach dem 4:0 über Atletico Madrid den ersten Sieg einer deutschen Mannschaft im Europapokal der Landesmeister. 1982 waren die erfolgsgewohnten Bayern (von links: Karl-Heinz Rummenigge, Dieter Hoeneß, Paul Breitner) nach ihrer 0:1-Niederlage gegen Aston Villa am Boden zerstört.*

*Einen Europarekord im Toreschießen stellte Jürgen Klinsmann auf dem Weg zum UEFA-Cup-Titel der Bayern im Jahr 1996 auf: 15 Tore in 12 Spielen!*

**HOOLIGANS**

**Gewalttätige Fans sind leider bis heute ein Problem bei Fußballspielen; häufig sind scharfe Sicherheitsmaßnahmen erforderlich. Bei der WM 1998 kam es zu brutalen Ausschreitungen deutscher Hooligans, in deren Folge ein französischer Polizist lebensgefährlich verletzt wurde. Die Bezeichnung „Hooligan" kommt aus dem Englischen und geht auf den Namen einer berüchtigten irischen Familie zurück, die im 19. Jahrhundert in London ihr Unwesen trieb.**

**Was war die Katastrophe von Heysel?**

Zwischen 1977 und 1984 hatten englische Mannschaften (FC Liverpool, Nottingham Forest, Aston Villa) den Europacup der Landesmeister beherrscht. Danach blieben englische Teams bis zum Sieg von Manchester United im Champions League-Finale 1999 ohne Erfolge. Grund dafür war nicht, dass die Engländer plötzlich das Fußballspiel verlernt hätten. Ursache war ein furchtbares Unglück, das sich am 29. Mai 1985 im Brüsseler Heysel-Stadion ereignet hatte. Damals randalierten beim Endspiel zwischen dem FC Liverpool und Ju-

ventus Turin im Landesmeister-Cup englische Hooligans. Es kam zu 39 Toten und unzähligen Verletzten. Englische Vereine durften daraufhin in den nächsten Jahren nicht am Europapokal teilnehmen. Liverpool selbst meldete sich erst 2001 auf Europas Fußballbühne zurück. In einem dramatischen UEFA-Cup-Endspiel siegten sie gegen die spanische Mannschaft von Alavés mit 5:4.

**Welche deutschen Pokalsieger gewannen im Europacup?**

Zwölfmal gelangten deutsche Mannschaften ins Finale des Europapokals der Pokalsieger. Fünfmal verließen sie den Platz als Sieger, siebenmal als Verlierer. Die Liste der Sieger beginnt mit den Dortmundern, die 1966 erstmals einen Europapokal nach Deutschland holten (2:1 n. V. gegen den FC Liverpool). Gleich im Jahr darauf konnte Bayern München sich den Titel sichern. Auch die Bayern mussten im Endspiel gegen die Glasgow Rangers nach torlosen 90 Minuten in die Verlängerung. Es war „Bulle" Roth, der mit seinem Tor für die Entscheidung sorgte. 1977 holte sich der HSV mit einem 2:0 über den RSC Anderlecht (Belgien) den Pokal. Den letzten Titel für eine Bundesliga-Mannschaft gewann Werder Bremen 1992 (2:0 gegen AS Monaco).

**Welche Bundesliga-Klubs gewannen den UEFA-Pokal?**

Im Gegensatz zu den anderen europäischen Wettbewerben wurden im UEFA-Cup bis 1998 zwei Endspiele ausgetragen. 1973 drang Mönchengladbach erstmals ins Finale vor, verlor aber gegen den „Deutschland-Killer" FC

In Europacup-Spielen gab es oft tolle Tore. Im Endspiel der Champions League 1997 vollendet Lars Ricken von Borussia Dortmund mit einem traumhaften Heber aus fast 30 Metern zum 3:1 gegen Juventus Turin.

Liverpool, der zuvor bereits Eintracht Frankfurt, Dynamo Berlin und Dynamo Dresden ausgeschaltet hatte. 1975 machten es die Borussen besser und gewannen ihren ersten internationalen Titel, als sie in den Finalspielen den holländischen Klub Twente Enschede mit 0:0 und 5:1 bezwingen konnten.

Sensationell verlief die UEFA-Pokal-Saison 1978/79: Mit Hertha BSC, MSV Duisburg und Borussia Mönchengladbach erreichten gleich drei deutsche Mannschaften das Halbfinale. Im Endspiel holte sich Gladbach gegen Belgrad den zweiten Titel (1:1, 1:0). Im Jahr darauf standen sogar nur deutsche Mannschaften im Halbfinale: Bayern München verlor gegen Eintracht Frankfurt, Borussia Mönchengladbach gewann gegen den VfB Stuttgart. Das Finale entschieden die Frankfurter mit 2:3 und 1:0 für sich (Frankfurt hatte auswärts ein Tor mehr geschossen).

1988 gab es einen überraschenden Erfolg von Bayer Leverkusen (gegen Espanol Barcelona 0:3 und 3:0, 3:2 n.E.). 1996 gewann Bayern München mit Trainer Beckenbauer, der kurz zuvor Otto Rehhagel abgelöst hatte, erstmals den UEFA-Pokal. In den Endspielen besiegten die Bayern Girondins Bordeaux 2:0 und 3:1. Im Jahr darauf holte sich Schalke 04 den UEFA-Cup im Finale gegen Inter Mailand. Alle Heimspiele gewannen die Schalker „zu Null" (gegen Inter: 1:0). Erst im zweiten Endspiel in Mailand gab es ein 0:1. Es gab Verlängerung, aber auch dort fielen keine Tore. Das Elfmeterschießen entschied schließlich Schalke mit 4:1 für sich.

In Europa und Südamerika gibt es die besten Fußballvereine. Deswegen wird der „Weltpokal" seit 1960 zwischen dem besten Verein Europas – früher der Sieger im Europacup der Landesmeister, heute der Sieger der Champions League – und dem besten Verein Südamerikas – dem Sieger in der Südamerika-Meisterschaft (Copa Libertadores) – ausgetragen. Der Sieger in diesem Spiel darf sich „beste Vereinsmannschaft der Welt" nennen.

**Was ist der Weltpokal?**

*Oliver Kahn (unten) im Champions League-Finale 2001. Rechts: nach dem Spiel mit Pokal.*

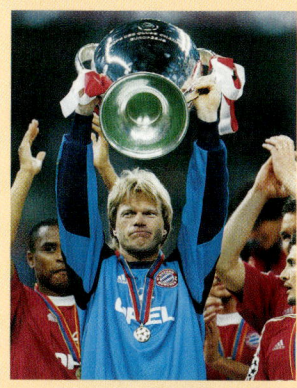

# Die besten Vereine Europas

Deutsche Vereine sind im Europacup der Landesmeister und in der Champions League sechsmal erfolgreich gewesen. Bayern München gewann viermal (1974, 1975, 1976, 2001), die beiden weiteren Titel erreichten der Hamburger SV (1983) und Borussia Dortmund (1997). Dortmund war auch der erste Verein, der den Europacup der Pokalsieger gewann (1966). Weitere Sieger in diesem Wettbewerb waren Bayern München (1967), der 1. FC Magdeburg (1974), der Hamburger SV (1977) und Werder Bremen (1992). Die sechs Triumphe im UEFA-Cup verteilen sich auf Borussia Mönchengladbach (1975, 1979), Eintracht Frankfurt (1980), Bayer Leverkusen (1988), Bayern München (1996) und Schalke 04 (1997).

## REAL MADRID (GEGR. 1902)

Real heißt auf Spanisch „König". Tatsächlich spielten die Madrilenen wie Könige. Von 1956 bis 1960 gewannen sie fünfmal nacheinander den Europapokal der Landesmeister – ein Rekord, der wohl nie mehr zu übertreffen ist. Angeführt von Alfredo di Stefano, dem argentinischen Regisseur und Torschützenkönig, konnten die Spanier einen beispiellosen Sturmwirbel entfachen. Mussten sie mal ein oder zwei Gegentore hinnehmen, zuckte di Stefano nur mit den Schultern: „Gut, dann schießen wir eben drei oder vier."

Bis heute sind die „Königlichen" sehr erfolgreich und gewannen weitere Titel (zuletzt 1998, 2000 und 2002). Bei Real spielen nur die Besten und Teuersten: Raúl, Ronaldo, Zinedine Zidane, Luis Figo und David Beckham.
Stadion: Santiago Bernabeu (105.000 Plätze)

## AC MAILAND (GEGR. 1899)

Der AC Mailand (italienisch „AC Milan") hatte bereits in den 60er Jahren eine starke Mannschaft, darunter den torgefährlichen Stürmer Gianni Rivera und den deutschen Verteidiger Karl-Heinz Schnellinger. Den schönsten und erfolgreichsten Fußball spielten die Mailänder allerdings Ende der 80er Jahre. Da hatte der reiche Vereins- und heutige Staatspräsident Silvio Berlusconi drei Weltklasse-Spieler eingekauft: die Holländer Frank Rijkaard, Ruud Gullit und Marco van Basten. Markenzeichen des Superteams war neben dem technisch hoch stehenden Spiel die von Franco Baresi perfekt organisierte Abseitsfalle. Aktueller Topstar des Champions-League-Siegers von 2003 ist der Ukrainer Andrej Schewtschenko, Torschützenkönig der italienischen Liga und Europas Fußballer des Jahres 2004.
Stadion: Giuseppe Meazza (86.000 Plätze)

## AJAX AMSTERDAM (GEGR. 1900)

Der nach dem griechischen Helden Ajax benannte Klub aus Amsterdam gewann von 1971 bis 1973 dreimal in Folge den Landesmeister-Cup. Angeführt wurde die Mannschaft von zwei „Johans": dem schlanken Spielmacher Johan Cruyff und dem bulligen Johan Neeskens. Die Ajax-Spieler spielten einen neuen Stil, den „totalen Fußball": Wenn sie in Ballbesitz waren, beteiligten sich alle, auch die Verteidiger, am Angriff auf das gegnerische Tor. 1973 schossen sie gegen die Bayern im Viertelfinale des Europacups vier Tore. Später wurde Ajax besonders für seine Fußballschule bekannt. Dort ausgebildete Topspieler finden sich in allen Spitzenvereinen Europas. Unter den neuen Talenten glänzt vor allem Rafael van der Vaart.
Stadion: Amsterdam-Arena (51.000 Plätze)

## FC LIVERPOOL (GEGR. 1892)

Die „Roten" (englisch „Reds") waren zwischen 1976 und 1984 die beste Mannschaft in Europa. Ihren ersten Sieg im Cup der Landesmeister erreichten sie 1977 gegen Borussia Mönchengladbach. Mit dabei waren der Super-Torwart Ray Clemence und „mighty

mouse" Kevin Keegan, der später beim Hamburger SV sehr erfolgreich war. Wie alle englischen Mannschaften war Liverpool bekannt für sein schnelles, direktes Spiel. Trainer Bob Paisley: „Wir nehmen den Fußball so einfach, wie er ist, wir komplizieren nichts." So spielen sie auch heute wieder. Mit Michael Owen im Sturm und den beiden deutschen Spielern Marcus Babbel und Didi Hamann gewannen sie 2001 den UEFA-Cup.
Stadion: Anfield Road
(41.000 Plätze)

## Juventus Turin (gegr. 1897)

Juventus wird auch „die alte Dame" genannt. Es ist ein vornehmer Verein, der schon sehr lange Erfolg hat (25-mal italienischer Meister). Den europäischen Meistercup gewann die „Dame" allerdings erst zweimal. Beide Male waren Franzosen dabei: 1985 der Weltstar Michel Platini, 1996 der spätere Weltmeister Didier Deschamps. Wie die anderen italienischen Vereine steckt auch der vom Autokonzern Fiat unterstützte Verein viel Geld in gute Spieler. Juventus dominiert meist die italienische Liga, wartet aber international schon länger auf große Erfolge, trotz Superstars wie Pavel Nedved, Europas Spieler des Jahres 2003.
Stadion: Delle Alpi (71.000 Plätze)

## FC Barcelona (gegr. 1899)

Barcelona, auch „Barca" genannt, ist in Spanien der große Rivale von Real Madrid. Auch Barcelona gibt viel Geld für Spieler aus. Bei dem Klub spielten Weltstars wie Johan Cruyff, Diego Maradona und Romario. Der deutsche Mittelfeld-Regisseur Bernd Schuster, dort nur der „blonde Engel" genannt, war besonders beliebt. Nicht immer hatte Barcelona mit seinen teuren Spielern Erfolg: Ende der 90er, als fast die komplette niederländische Nationalmannschaft dort spielte, blieben die großen Triumphe aus. Nun setzt man auf teure Einkäufe aus Südamerika: den Argentinier Javier Saviola oder den brasilianischen Weltmeister Ronaldinho.
Stadion: Nou Camp
(115.000 Plätze)

## Inter Mailand (gegr. 1908)

Inter wurde von abtrünnigen Mitgliedern des AC Mailand gegründet und war dann jahrzehntelang erfolgreicher. In den 60er Jahren kam die ganz große Zeit von Inter. Damals war die Mannschaft vor allem in der Abwehr sehr gut. Unter der Regie von Trainer Helenio Herrera, dem Erfinder des „Catenaccio", ermauerte man sich 1:0-Siege am Fließband und gewann zwei Europapokale. Später spiel-

ten bei Inter viele deutsche Legionäre, wie zum Beispiel Karl-Heinz Rummenigge. 1991 gewannen Lothar Matthäus, Andreas Brehme und Jürgen Klinsmann mit Inter den UEFA-Cup. Heute sind italienische Nationalspieler tonangebend: Fabio Cannavaro defensiv, Christian Vieri offensiv.
Stadion: Giuseppe Meazza
(86.000 Plätze)

## Manchester United (gegr. 1878)

Manchester („ManU") gewann 1968 als erstes englisches Team den Europapokal der Landesmeister. Mit dabei waren gleich drei Spieler, die zu „Europas Fußballer des Jahres" gewählt wurden: Bobby Charlton, der Kapitän der englischen Weltmeister-Elf von 1966, sowie George Best und Denis Law. Danach war „ManU" lange Zeit sportlich nicht mehr so erfolgreich. Weil die Engländer den Fußball gut verkaufen konnten – kein anderer Verein bringt so viele Fanartikel an den Mann –, wurden sie trotzdem zu einem der reichsten und bekanntesten Klubs der Welt. Heute sind die Engländer auch sportlich wieder erste Klasse. Seit dem Weggang von David Beckham ist Torjäger Ruud van Nistelrooy der unumstrittene Star des Teams.
Stadion: Old Trafford
(67.000 Plätze)

# Die besten Vereine Europas

Europas

### FIFA

**Der Weltfußballverband FIFA (Fédération Internationale de Football Association) wurde am 21. Mai 1904 gegründet. In ihm haben sich die nationalen Fußballverbände aller Kontinente zusammengeschlossen. Insgesamt gehören der FIFA über 200 Länder an, in denen etwa 250 Millionen Menschen – darunter 30 Millionen Frauen – organisierten Fußball spielen. Die FIFA ist nicht nur für die Ausrichtung von Weltmeisterschaften zuständig, sondern für alle wichtigen Belange des Weltfußballs.**

*Die französischen Nationalspieler Emmanuel Petit und Patrick Vieira umarmen sich nach dem sensationellen 3:0-Sieg über Brasilien im Endspiel der Weltmeisterschaft 1998.*

*Zinedine Zidane – Weltmeister 1998 und Europameister 2000*

# Welt- und Europameisterschaften

Bei der Fußball-Weltmeisterschaft

**Was ist eine Weltmeisterschaft?**

(WM) treten nicht Vereins-, sondern Nationalmannschaften gegeneinander an. Die Auswahl der besten Spieler für die Nationalmannschaft eines Landes wird von einem Nationaltrainer getroffen, der vom jeweiligen Landesverband bestimmt wird. In Deutschland ist es der DFB, der den Bundestrainer ernennt. Vor einer Weltmeisterschaft wählt der Bundestrainer aus den Spielern deutscher Staatsangehörigkeit die 22 besten aus. Diese bilden den Kader für die Weltmeisterschaft.

Um bei einer WM antreten zu

**Wer kann Weltmeister werden?**

dürfen, muss sich das Auswahlteam eines Landes erst einmal qualifizieren. Auf allen Kontinenten gibt es verschiedene Qualifikationsgruppen, in denen die 32 Teilnehmer der WM ermittelt werden. Die Weltmeisterschaft selbst wird zunächst in Vorrunden-Gruppen ausgetragen; dabei spielt jeder einmal gegen jeden. Die 16 besten Mannschaften ermitteln dann im K.O.-System die beiden Finalisten. Der Sieger im Endspiel ist Weltmeister.

*WM-Pokal*

*EM-Pokal*

*Lothar Matthäus auf dem Höhepunkt seiner Karriere: Als Kapitän hält er 1990 den WM-Pokal in Händen. Neben ihm (von links) Andreas Brehme und Pierre Littbarski.*

*WM-Gastgeber 2002 waren Japan und Süd-korea. Links im Bild der koreanische National-spieler Sang-Yoon Lee.*

In ihren Qualifikationsregeln hat die FIFA festgelegt, dass der „Fußball-Kontinent" Europa mehr Nationalmannschaften zur Weltmeisterschaft schicken darf als die anderen Kontinente. Für die Weltmeisterschaft 2002 in Korea und Japan qualifizierten sich 15 Teams aus Europa, 5 aus Südamerika, 5 aus Afrika, 4 aus Asien sowie 3 aus Nord- und Mittelamerika.

Die erste offizielle Fußball-Weltmeisterschaft wurde 1930 in Uruguay veranstaltet. Seitdem findet die WM, unterbrochen nur vom Zweiten Weltkrieg (die Turniere 1942 und 1946 fielen aus), alle vier Jahre statt.

*Jubelnde deutsche Fans bei einem Länderspiel*

**Was sind Kontinent-Meisterschaften?**

Nach der Weltmeisterschaft gilt die Europameisterschaft (EM) als der bedeutendste internationale Fußball-Wettbewerb. Die beiden ersten „Test-Wettbewerbe" 1960 und 1964 wurden noch als „Europapokal der Nationen" bezeichnet. Seit 1968 gibt es eine offizielle EM, die jeweils in der Mitte zwischen zwei WM-Endrunden ausgetragen wird. Qualifikation und Endturnier der EM sind ähnlich organisiert wie bei einer WM. Veranstalter ist der Europäische Fußballverband UEFA.

Den Europameisterschaften entsprechende Wettbewerbe gibt es auf allen Kontinenten. Eine Südamerika-Meisterschaft wird seit 1916 ausgetragen. Seit 1993 heißt der Wettbewerb „Copa America". An ihm nehmen auch ein nord- und ein mittelamerikanischer Vertreter teil. Der Afrika-Nationencup wird seit 1957 im Zwei-Jahres-Rhythmus ausgespielt. Die Asienmeisterschaft findet seit 1954 alle vier Jahre statt; und seit 1973 wird auch in Ozeanien ein Kontinent-Meister ermittelt.

**JAHRHUNDERT-SCHUSS**
Aus „unmöglichem Winkel" schoss der Dortmunder Lothar Emmerich bei der WM 1966 im Vorrundenspiel gegen Spanien den Ball ins Netz. Dieser Treffer zum 1:1 (Endstand 2:1) gilt bis heute als eines der spektakulärsten Tore in der Geschichte der deutschen Nationalmannschaft.

*Plakat zum olympischen Fußballturnier 1924*

### BETRUNKENE RUSSEN

In ihren ersten Länderspielen war die deutsche Nationalmannschaft nur wenig erfolgreich. Einmal jedoch gelang ihr ein spektakulärer Sieg – allerdings gegen einen Gegner, der nicht nüchtern war. Das war bei der Olympiade 1912 in Stockholm. Mit 16:0 schlugen die Deutschen eine russische Mannschaft, die kaum geradeaus laufen konnte: Am Abend zuvor hatten beide Teams gemeinsam gefeiert, was die Russen offensichtlich weniger gut verkraftet hatten. Allein 10 Tore bei diesem bis heute gültigen Rekordsieg gingen auf das Konto von Gottfried Fuchs (Karlsruher FV). Nicht einmal „Bomber" Gerd Müller konnte da später mithalten. Bei der Weltmeisterschaft 1970 wurde er mit ebenfalls 10 Treffern Torschützenkönig, benötigte dafür aber sechs Spiele.

**Wer war der erste Weltmeister?**

Der erste Wettbewerb, der von der FIFA organisiert wurde und einer Weltmeisterschaft gleichkam, fand im Rahmen der Olympiade 1924 in Paris statt. Die beste Mannschaft waren die Kicker aus Uruguay: Mühelos dribbelten sie sich ins Endspiel, wo sie die Schweiz vor 60.000 Zuschauern mit 3:0 besiegten. Das Publikum war vor allem von der tänzerischen Eleganz des dunkelhäutigen José Leandro Andrade begeistert. 1928 holten sich die Ballzauberer aus Südamerika

*José Leandro Andrade, der Fußballstar aus Uruguay. Er galt in den 20er Jahren als bester Fußballspieler der Welt.*

ähnlich überlegen ihren zweiten Olympiasieg.

Nicht zuletzt wegen dieser Erfolge durfte Uruguay im Jahr 1930 die erste Weltmeisterschaft ausrichten. Doch mit der Begründung, dass die Reise zu weit und das Klima zu ungewohnt sei, blieben viele europäische Mannschaften dem Turnier fern. Nur Belgier, Rumänen, Franzosen

*Das Maracana-Stadion in Rio de Janeiro – Schauplatz des zweiten WM-Siegs von Uruguay.*

und Jugoslawen reisten per Schiff über den Atlantik. Die Südamerikaner blieben daher nahezu konkurrenzlos. Angeführt von dem überragenden Andrade entschied Uruguay vor 100.000 Zuschauern das Finale in Montevideo mit 4:2 für sich.

20 Jahre später, bei der WM 1950, hatte Uruguay wieder eine starke Mannschaft und wurde zum zweiten Mal Weltmeister. Den entscheidenden 2:1-Sieg gegen Brasilien, den Gastgeber der WM, sahen rund 200.000 Zuschauer – bis heute der Zuschauerrekord bei einem WM-Spiel. Uruguay war nach Italien der zweite Doppel-Weltmeister in der WM-Geschichte.

**Wer war der erste Gegner der deutschen Nationalelf?**

Das erste Länderspiel einer deutschen Nationalelf fand am 5. April 1908 in Basel statt. Der Gegner war die Schweiz, die damals nicht zu den überragenden Mannschaften zählte. Trotzdem verlor Deutschland mit 3:5. Auch in den folgenden Länderspielen lehrte die deutsche Nationalmannschaft ihre Gegner nicht gerade das Fürchten. Immer wieder gab es ernüchternde Niederlagen, so zum Beispiel ein 0:9 in Oxford gegen England.

In den folgenden Jahren steigerte sich die Nationalelf allmählich – vor allem seit 1926, als Otto Nerz DFB-Trainer wurde und Superstürmer Richard Hoffmann die Tore schoss. Der häufigste Gegner war die Schweiz, gegen die man nun immer wieder relativ leichte Siege erringen

*Die deutsche Nationalelf, die 1928 gegen Uruguay 1:4 verlor. In dem harten Spiel stellte der ägyptische Schiedsrichter beide Kapitäne, Kalb und Nasazzi, vom Platz.*

konnte. Bei der Olympiade 1928 in Amsterdam gab es nach einem 4:0-Erfolg über das Schweizer Team zwar einen deutlichen Dämpfer gegen das starke Uruguay (1:4). Doch sechs Jahre später, bei der WM in Italien, sah es für die Deutschen schon viel besser aus. Nach überzeugenden Siegen gegen Belgien und Schweden kam das „Aus" erst im Halbfinale gegen die Tschechoslowakei. Durch ein 3:2 über Österreich konnte man sich einen respektablen dritten Platz sichern. Weltmeister wurde der Gastgeber Italien.

Bei der Olympiade 1936 schied Deutschland mit einem enttäuschenden 0:2 gegen Norwegen aus. Das Jahr 1937 ließ sich dagegen gut an: Mit einem 8:0-Sieg über Dänemark in

Breslau startete die Nationalelf eine Serie von sechs Siegen (25:2 Tore). Leider durfte diese tolle „Breslau-Elf" bei der WM 1938 in Paris aber nicht antreten. Im März 1938 war Österreich dem Deutschen Reich angegliedert worden. Der neue Bundestrainer Sepp Herberger, Nachfolger von Otto Nerz, wurde nun dazu verpflichtet, auch österreichische Spieler ins deutsche Nationalteam aufzunehmen. Er bildete eine Mannschaft aus sechs Deutschen und fünf Österreichern. Diese „großdeutsche" Elf konnte am 4. Juni 1938 bei der WM in Paris aber nur ein mageres 1:1 gegen die Schweiz erzielen. Im Wiederholungsspiel fünf Tage später ging sie zwar mit 2:0 in Führung, doch dann stürmten nur noch die Schweizer. Am Ende hieß es 2:4 – die „großdeutsche" Elf war bereits in der Vorrunde ausgeschieden. Weltmeister wurde erneut Italien.

*Programm zum ersten Länderspiel Deutschland – Schweiz am 5. April 1908. Die Bilanz gegen die Schweiz bis 2001: 47 Spiele, davon 33 Siege, 6 Unentschieden, 8 Niederlagen. Torverhältnis: 126:59.*

*Vor dem Anpfiff des ersten Spiels der „großdeutschen" Nationalmannschaft bei der WM 1938 gegen die Schweiz. Spielführer Hans Mock (Austria Wien, links) mit dem belgischen Schiedsrichter Langenus und dem Schweizer Kapitän Severino Minelli.*

*Bester Schweizer im Spiel von 1938 war Alfred Bickel: Er lieferte die Vorlagen für die Tore von „Trello" Abegglen.*

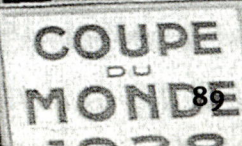

*So schlug der Ball zum 3:2 von Helmut Rahn ein.*

### FUSSBALL IN RADIO UND FERNSEHEN

**Millionen Deutsche saßen 1954 vor dem Radiogerät, um den WM-Sieg der Nationalmannschaft zu verfolgen. Die Weltmeisterschaft von Fritz Walter & Co. war aber nicht nur ein Höhepunkt der Radioübertragung, sondern auch ein Meilenstein in der Geschichte des Fernsehens. Sepp Herbergers Nationalspieler hatten dafür gesorgt, dass sich der Verkauf von Fernsehgeräten in der Bundesrepublik um sage und schreibe 50% steigerte. Die erste richtige „Fernseh-WM" mit Millionen von Zuschauern war aber erst das Turnier 1970 in Mexiko. Erstmals konnten die Fans nun auch in Farbe Fußball gucken.**

---

> **Was war das „Fußball-Wunder" von 1954?**

In den Jahren 1942 und 1946 fanden wegen des Zweiten Weltkriegs keine Weltmeisterschaften statt. Bei der ersten Nachkriegs-WM 1950 in Brasilien durfte die Nationalmannschaft der neu gegründeten Bundesrepublik Deutschland (BRD) noch nicht teilnehmen. Erst 1954 in der Schweiz war die Elf von Sepp Herberger dabei.

Als haushoher Favorit für das Turnier wurden die Ungarn gehandelt, die zu dieser Zeit als weltbeste Mannschaft galten. Seit 1950 waren sie ungeschlagen, unter anderem hatten sie die Engländer in London mit 6:3 besiegt. Bei der WM 1954 stellte der ungarische „Wundersturm" – Czibor, Kocsis, Hidegkuti und Puskás – seine Klasse auch im Vorrundenspiel gegen die BRD mit einem überwältigenden 8:3-Sieg unter Beweis. Erwartungsgemäß gelangten die Ungarn ins Endspiel. Dass sie dort wieder auf die Deutschen trafen, war schon eine kleine Sensation. Doch die Elf von Sepp Herberger hatte sich gesteigert und vor allem im Halbfinale beim 6:1 gegen Österreich eine überzeugende Leistung geboten.

Im Finale am 4. Juli im Berner Wankdorfstadion bestätigten die Ungarn zunächst ihre Favoritenrolle. Sie legten los wie die Feuerwehr und lagen bereits nach wenigen Minuten mit 2:0 in Führung. Dann aber gelang Max Morlock in der 10. Minute der Anschlusstreffer zum 1:2. Die deutschen Spieler bekamen wieder Mut, erzielten durch Helmut Rahn den Ausgleich. Nun wurde es immer spannender. Millionen deutscher Hörer zitterten mit dem Reporter

*Die Kapitäne Fritz Walter (links) und Ferencz Puskás am 4. Juli 1954 vor dem Anpfiff im Berner Wankdorfstadion.*

Herbert Zimmermann, der das Endspiel live im Radio übertrug: „Sechs Minuten noch im Wankdorfstadion in Bern. Keiner wankt, der Regen prasselt unaufhörlich hernieder ... Jetzt Deutschland am linken Flügel, durch Schäfer. Schäfers Zuspiel zu Morlock wird von den Ungarn abgewehrt. Und Bozsik, immer wieder Bozsik, der rechte Läufer der Ungarn, am Ball. Er hat den Ball verloren, diesmal gegen Schäfer. Schäfer nach innen geflankt. Kopfball! Abgewehrt! Aus dem Hintergrund müsste Rahn schießen! Rahn schießt – Tooor, Tooor, Tooor, Tooor! Tor für Deutschland! Linksschuss von Rahn! ... 3:2 für Deutschland fünf Minuten vor dem Spielende." Dabei blieb es. Der Außenseiter Deutschland war Weltmeister: Das „Wunder von Bern" war perfekt!

Brasilien trat zur WM 1958 in Schweden mit einer sehr guten Mannschaft und einem neuen Spielsystem (4-2-4) an. Vor einer Vierer-Abwehrreihe spielten die laufstarken Mittelfeldspieler Didi und Orlando und setzten mit schnellen und direkten Vorlagen die Stürmer Garrincha, Pelé, Vavá und Zagalo ein. Alle Brasilianer zeigten eine Begabung im Umgang mit dem Ball, wie

**Wie wurde Brasilien zur besten Fußballnation?**

man sie in Europa bis dahin noch nicht gesehen hatte. Im Vergleich zu den südamerikanischen Fußballkünstlern wirkten die Europäer wie schwerfällige Holzfäller.

Im Gruppenspiel gegen die damalige Sowjetunion kam der gerade 17-jährige Pelé erstmals zum Einsatz. Obwohl ihm da noch kein Treffer gelang, meinten die Kommentatoren, dieser Junge zeige „Fußball von einem anderen Stern". Im Viertelfinale gegen Wales, im Halbfinale gegen Frankreich und im Finale gegen Schweden stellte er dann auch seine überragenden Qualitäten als Torschütze unter Beweis. Von elf brasilianischen Toren gingen allein sechs auf das Konto des Superstürmers.

Die Mannschaft der Brasilianer war so überlegen, dass sie ihren Titel vier Jahre später auch ohne den verletzten Pelé verteidigen konnte. Für die entscheidenden Tore sorgte diesmal der Dribbler Garrincha. Ganz so berauschend wie vier Jahre zuvor spielten die Brasilianer allerdings nicht mehr. 1966, bei der WM in England, verloren sie in der Vorrunde mit 1:3 gegen die „brasilianisch" aufspielenden Portugiesen. Doch 1970, bei der WM in Mexiko, fand die brasilianische Elf, diesmal wieder angeführt von Pelé, zu ihrer alten Stärke zurück. Souverän spielte sie sich ins Finale und gewann dort gegen Italien ebenso überlegen mit 4:1.

*Pelé jubelt nach einem Treffer, den er bei der WM 1970 in Mexiko erzielte.*

**JAHRHUNDERT-TOR**

Im Endspiel der WM 1958 gegen Schweden stoppte Pelé, mit dem Rücken zum Tor stehend, einen hoch heranfliegenden Ball so sanft mit dem Oberschenkel, dass er dort ganz ruhig liegen blieb. Dann ließ er den Ball über das Schienbein zum Fuß hinuntergleiten, lupfte ihn sich selbst und den heranstürmenden Gegnern über den Kopf, drehte sich im selben Augenblick um und schoss, noch ehe der Ball den Boden berührt hatte – ins Tor!

*Brasiliens Garrincha („Paradiesvogel") begeisterte die Zuschauer bei der WM 1962 mit Dribblings und Toren. Stets gelang es ihm, gleich mehrere Spieler des Gegners zu beschäftigen.*

*Regisseur Günter Netzer auf dem Weg zum Europameistertitel 1972.*

### JAHRHUNDERTSPIEL

**Vor dem Aztekenstadion in Mexiko City steht eine Gedenktafel mit der Aufschrift: „Hier fand am 17. Juni 1970 das denkwürdige Spiel zwischen Italien und Deutschland statt." Selten war ein WM-Halbfinale so spannend. Es war ein glühend heißer Tag. Das 1:0 für Italien erzielte Boninsegna, dann berannten die Deutschen pausenlos das Tor von Albertosi. In der letzten Minute grätschte Karl-Heinz Schnellinger in eine Flanke von Jürgen Grabowski (Bild) – 1:1, Verlängerung. Nun ging es Schlag auf**

**Schlag: 2:1 durch Gerd Müller (95. Minute), vier Minuten später ein Freistoß der Italiener zum 2:2. Kurz vor dem Seitenwechsel erhöht Riva auf 3:2. Doch die Deutschen stürmen weiter, und in der 109. Minute gelingt Müller per Kopf das 3:3. Wenig später erneut ein Konter der Italiener: Boninsegna passt auf Rivera, Schuss – 4:3 für Italien! Deutschland hatte das dramatischste Spiel der WM-Geschichte verloren.**

### Wie wurde Deutschland Doppel-Weltmeister?

Bei den Weltmeisterschaften nach 1954 bot die deutsche Nationalmannschaft zwar gute Leistungen, der ganz große Erfolg jedoch blieb ihr versagt. 1958 war das Halbfinale Endstation, 1962 das Viertelfinale. 1966 gelangte die mittlerweile von Helmut Schön trainierte Elf sogar bis ins Endspiel, wo sie England im Londoner Wembley-Stadion mit 2:4 unterlag. Spielentscheidend war das umstrittene dritte Tor der Engländer, das so genannte „Wembley-Tor". 1970 gab sich die deutsche Mannschaft erneut erst im Halbfinale geschlagen. Im „Jahrhundertspiel" gegen Italien verlor das mit zwei Mittelstürmern (Uwe Seeler und Gerd Müller) angetretene Team mit 3:4.

Der heiß ersehnte zweite Titelgewinn gelang der Bundesrepublik erst 1974, als die WM in Deutschland stattfand. Das Turnier begann für die BRD-Elf sehr mäßig. In der Vorrunde musste sie erst einmal eine 0:1-Niederlage im „deutsch-deutschen Duell" gegen die DDR einstecken. Nachdem Kapitän Beckenbauer die enttäuschte Mannschaft wieder aufgerichtet hatte, erzielte

sie überzeugende Siege gegen das damalige Jugoslawien, Schweden und Polen. Im Endspiel traf sie dann auf das starke Team der Niederländer, das vom besten Spieler dieser Zeit, Johan Cruyff, angeführt wurde.

Trotz eines 0:1-Rückstandes nach einem Elfmeter von Neeskens ließ sich die deutsche Mannschaft nicht aus der Ruhe bringen. Paul Breitner gelang ebenfalls per Elfmeter der Ausgleich, dann erzielte Gerd Müller kurz vor dem Halbzeitpfiff auf Flanke von Bonhof das 2:1. In der zweiten Halbzeit stürmten nur noch die Niederländer, doch ein Treffer gelang ihnen nicht mehr. Nach Uruguay, Italien und Brasilien hatte es nun auch Deutschland geschafft, den Gewinn des WM-Titels zu wiederholen.

### Was war das „Dream Team" des deutschen Fußballs?

Zur Weltmeisterschaft 1974 war die Mannschaft von Bundestrainer Schön als Favorit ins Turnier gegangen. Schon in den Jahren zuvor hatte sie den europäischen Fußball auf imponierende Weise beherrscht. Geradezu triumphal verlief die Europameisterschaft 1972. Im Viertelfinale schalteten Beckenbauer und Co. zunächst England aus. Das war damals eine Sensation, denn das 3:1 im Wembley-Stadion war der erste Sieg einer deutschen Mannschaft auf englischem Boden überhaupt. Im Halbfinale gab es ein müheloses 2:1 gegen Belgien, und im Endspiel wurde schließlich die Sowjetunion mit 3:0 an die Wand gespielt.

Diese Nationalelf von 1972 gilt vielen noch heute als beste deutsche Mannschaft aller Zeiten. Angeführt von den genialen Technikern Franz Beckenbauer und Günter Netzer, die sich im Spielaufbau abwechselten und für den Gegner kaum auszurechnen waren, bot sie einen geradezu künstlerischen Fußball. So etwas hatte man bis dahin von deutschen Fußballern noch nicht gesehen.

Auch bei der EM 1976 konnte die deutsche Mannschaft mit guten Leistungen

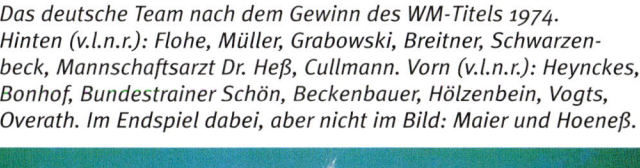

*Der langjährige Kapitän der Nationalelf, Karl-Heinz Rummenigge (Europameister 1980 und Vizeweltmeister 1982 und 1986).*

aufwarten. Das Endspiel gegen die Tschechoslowakei ging erst im Elfmeterschießen verloren, als der heutige Bayern-Manager Uli Hoeneß den Ball in den Nachthimmel schoss.

Bei der WM 1978 in Argentinien blamierte sich die deutsche Elf, als sie in der zweiten Finalrunde mit 2:3 gegen Österreich scheiterte. Doch in den Jahren danach war sie wieder erfolgreich. 1980 wurde sie Europameister, 1982 in Spanien und 1986 in Mexiko jeweils Vize-Weltmeister. Nachdem sie 1990 in Italien erneut im Endspiel stand, meinte Gary Lineker, ein Spieler der im Halbfinale unterlegenen

**Warum war die deutsche Nationalelf gefürchtet?**

englischen Mannschaft: „Fußball ist, wenn 22 Mann spielen, und am Ende gewinnt immer Deutschland."

Die deutsche Nationalelf spielte in diesen Jahren nicht besonders schön. Aber sie hatte den Ruf, sich im Laufe eines Turniers zu großen Leistungen steigern zu können. Oft war sie in der Lage, durch Willenskraft, Nervenstärke und Durchhaltevermögen ein Spiel auch dann noch zu gewinnen, wenn es bereits verloren schien.

*Das deutsche Team nach dem Gewinn des WM-Titels 1974. Hinten (v.l.n.r.): Flohe, Müller, Grabowski, Breitner, Schwarzenbeck, Mannschaftsarzt Dr. Heß, Cullmann. Vorn (v.l.n.r.): Heynckes, Bonhof, Bundestrainer Schön, Beckenbauer, Hölzenbein, Vogts, Overath. Im Endspiel dabei, aber nicht im Bild: Maier und Hoeneß.*

**NERVENSTARKES TEAM**

Willenskraft und Nervenstärke galten als größte Stärken der deutschen Nationalelf. Auch im Halbfinale der WM 1982 gegen Frankreich konnte sie diese Qualitäten unter Beweis stellen. 1:1 war der Spielstand nach 90 Minuten, nach neun Minuten der Verlängerung hieß es 1:3. Doch dann kam der verletzte Karl-Heinz Rummenigge ins Spiel, verkürzte auf 2:3. Klaus Fischer sorgte kurz darauf für den Ausgleich. Zwei Franzosen zeigten im Elfmeterschießen Nerven, während Horst Hrubesch den letzten Elfer zum Endergebnis von 8:7 sicher ins Netz setzte.

*Nach dem 4:1-Sieg im Qualifikationsspiel gegen die Ukraine freut sich die deutsche Mannschaft auf die WM 2002.*

*Rudi Völler im Duell mit Ruud Gullit (Niederlande) im Halbfinale der Europameisterschaft 1988. Deutschland verlor mit 1:2.*

In den insgesamt sieben Spielen der WM 1990 siegte die deutsche Mannschaft nicht nur, sie zeigte auch schönen Fußball. Guido Buchwald war der überragende Abwehrspieler des ganzen Turniers, Lothar Matthäus, der nach der WM zum Weltfußballer des Jahres gewählt wurde, ein unermüdlicher Antreiber im Mittelfeld. In der Offensive – meist stürmten Rudi Völler, Jürgen Klinsmann und Pierre Littbarski – war Deutschland mit 155 Torschüssen und 15 Toren die mit Abstand beste Mannschaft.

Nach dem verdienten 1:0-Sieg über Maradonas Argentinier im Finale sagte Teamchef Franz Beckenbauer: „Es tut mir Leid für den Rest der Welt, aber diese Mannschaft wird auf Jahre hinaus nicht zu schlagen sein." Doch er sollte sich täuschen. Bei der

**Wann täuschte sich Teamchef Beckenbauer?**

EM 1992 in Schweden wurde zwar der Freistoß-Spezialist Thomas Häßler zum besten Spieler des Turniers gewählt. Aber das Finale gegen die Überraschungsmannschaft aus Dänemark ging mit 0:2 verloren. Bei der WM 1994 in den USA war bereits das Viertelfinale Endstation (1:2 gegen Bulgarien).

Noch schlimmer kam es bei der WM 1998 in Frankreich. Im Viertelfinale gegen Kroatien brach das mutlose Team von Trainer Berti Vogts nach einem Platzverweis gegen Christian Wörns förmlich zusammen und ging mit 0:3 unter. Der ganz tiefe Fall aber kam schließlich bei der EM 2000 in den Niederlanden und Belgien. Ein Unentschieden (gegen Rumänien 1:1) und zwei Niederlagen (gegen England 0:1 und gegen Portugal 0:3) in der Vorrunde bedeuteten das schlechteste Abschneiden einer deutschen Nationalmannschaft bei einem internationalen Turnier.

*Geknickt schleicht Rekordnationalspieler Lothar Matthäus (150 Länderspiele) nach der enttäuschenden EM 2000 vom Platz.*

Im Jahr 1996, als sich die Nationalmannschaft in England mit einem 2:1 gegen Tschechien den dritten Europameistertitel

**Wie gut sind Deutschlands Fußballspieler heute?**

holte, war die Fußball-Welt in Deutschland noch in Ordnung. Spielerisch war die Elf von Berti Vogts nicht unbedingt das beste Team. Aber sie hatte einen Supertorwart (Andreas Köpke), einen Kapitän (Matthias Sammer), der alle anderen mitreißen konnte, und einen Stürmer (Oliver Bierhoff), der die entscheidenden Tore machte. Ganz Deutschland jubelte. Viele glaubten nun, die Enttäuschungen in den Jahren zuvor seien nur Ausrutscher gewesen. Dann aber kamen die Niederlage gegen Kroatien bei der WM 1998 in Frankreich und das frühe Ausscheiden bei der Europameisterschaft 2000. Und als wäre das noch nicht genug gewesen, folgte in der Qualifikation zur WM 2002 auch noch eine peinliche 1:5-Schlappe gegen England.

War der deutsche Fußball am Ende? Nein! Mit einem tollen 4:1-Sieg im entscheidenden Spiel gegen die Ukraine, bei dem besonders Michael Ballack, Bernd Schneider und Oliver Neuville glänzten, hat sich Deutschland doch noch für die WM 2002 in Japan und Südkorea qualifiziert. Deutschlands Fußballer sind also nicht ganz so schlecht, wie viele dachten. Andere Länder mögen die besseren Ballkünstler haben. Aber wenn die Mannschaft zusammenhält, wenn der „Teamgeist" stimmt und jeder Spieler sich anstrengt, dann ist die deutsche Nationalelf nach wie vor in der Lage, selbst einen starken Gegner zu schlagen.

*Das erste „Golden Goal" (goldene Tor) schoss Oliver Bierhoff. In der 95. Minute des EM-Finales 1996 gegen Tschechien gelang ihm das entscheidende 2:1.*

*Spielmacher Matthias Sammer und Nationaltorwart Andreas Köpke jubeln über den Sieg im EM-Finale 1996.*

*Michael Ballack schoss die deutsche Nationalelf mit seinen Toren im Qualifikationsspiel gegen die Ukraine 2001 doch noch zur WM. Bei der Endrunde 2002 in Japan und Südkorea war er neben Torwart Oliver Kahn der beste deutsche Spieler.*

### NEUER BUNDESTRAINER

**Bei der Europameisterschaft 2004 in Portugal gewann mit dem von Otto Rehhagel trainierten Griechenland ein krasser Außenseiter den Titel. Das schwach spielende deutsche Team war schon nach der Vorrunde ausgeschieden. Teamchef Rudi Völler trat enttäuscht zurück. Seine Nachfolge traten die ehemaligen Torjäger Jürgen Klinsmann als Bundestrainer und Oliver Bierhoff als Manager an. Sie wollen mit guter Laune und jungen Spielern für frischen Schwung sorgen und sind überzeugt, dass Deutschland bei der WM 2006 den Titel holen kann. Als erster Testlauf für die deutsche Mannschaft gilt der im Juni 2005 in Deutschland ausgespielte Confederation Cup.**

*Auf jungen Spielern wie Andreas Hinkel (im Bild links) ruhen die Hoffnungen des deutschen Fußballs. Doch auch mit ihm ging die Nationalelf 2003 im Länderspiel gegen Frankreich mit 0:3 unter.*

Den besten Fußball spielten zur

| **Wo wird der beste Fußball gespielt?** |

Jahrtausendwende nicht die Brasilianer, die sich 1994 in den USA mit kühler Taktik ihren vierten WM-Titel sicherten, sondern das multikulturelle französische Nationalteam. Leistungsträger dieser Mannschaft waren neben gebürtigen Franzosen wie Emmanuel Petit auch viele eingebürgerte Spieler. Lilian Thuram etwa stammt aus Guadeloupe, Patrick Vieira aus Senegal, Marcel Desailly aus Ghana.

Taktisch hervorragend eingestellt gewannen die Franzosen 1998 das Weltmeisterschafts-Endspiel gegen den Titelverteidiger Brasilien klar mit 3:0. Zum Star der WM wurde der aus Algerien stammende Zinedine Zidane. Der Brasilianer Ronaldo, ein Jahr zuvor zum Weltfußballer gewählt, enttäuschte. Zwei Jahre später sicherte sich Frankreich dann auch noch den Titel des Europameisters mit einem 2:1-Finalsieg gegen Italien.

Nach der Auffassung vieler Trai-

| **Wie sieht der Fußball der Zukunft aus?** |

ner sind die Spieler Zentralafrikas, wo der Fußball noch auf der Straße geübt wird, die begabtesten der Welt. Ein Blick in die Siegerlisten der seit 1977 von der FIFA veranstalteten Junioren-Weltmeisterschaften bestätigt, dass Afrika auf dem Vormarsch ist. Zwar errangen die klassischen Fußball-

*Der gebürtige Ghanaer Gerald Asamoah (Schalke 04) im Länderspiel gegen England 2001.*

Nationen Brasilien und Argentinien insgesamt die meisten Titel, doch die Teams aus Afrika, vor allem Ghana und Nigeria, haben kaum weniger oft gewonnen. Immer mehr afrikanische Spieler stehen heute bei europäischen Klubs unter Vertrag.

Bei der WM der „Großen" blieben die Afrikaner jedoch bislang ohne Titel. 2002 hatten auch die müden Stars aus Frankreich keinen Erfolg. Stattdessen gelangten mit der Türkei und Südkorea zwei Außenseiter ins Halbfinale. Das Endspiel bestritten die beiden klassischen Fußball-Nationen Deutschland und Brasilien. Die Mannschaft von Teamchef Rudi Völler hatte den überraschenden Erfolg vor allem der tollen Leistung von Torhüter Oliver Kahn zu verdanken. Tragisch war, dass dann ausgerechnet ein Fehler von ihm die 0:2-Niederlage im Endspiel einleitete.

Das gute Abschneiden der Südkoreaner und der Deutschen zeigt, dass es bei einem WM-Turnier nicht nur auf fußballerisches Talent ankommt. Ebenso wichtig sind Taktik und Disziplin, Kondition, Nervenstärke und der „Teamgeist". Gewonnen hat dann mit Brasilien allerdings die Mannschaft, die über die technisch besseren Spieler verfügte. Ganz anders lief es bei der EM 2004: Da gewannen die disziplinierten Griechen gegen die Ballkünstler aus Portugal.

*Brasiliens Ronaldo, hier mit Pokal, feierte nach langer Verletzungspause bei der WM 2002 ein triumphales Comeback. Mit acht Treffern war er der beste Torjäger und erzielte im Finale beide Tore.*

97

# Spielerlexikon

Bei einer im Jahr 2000 von internationalen Experten durchgeführten Wahl zum Welt-Fußballer des Jahrhunderts erhielt der Brasilianer Pelé die höchste Punktzahl. Bester Deutscher war Franz Beckenbauer auf Platz drei. Zum Welt-Torhüter des Jahrhunderts wurde der Russe Lew Jaschin gewählt. Bester Deutscher war Sepp Maier auf Rang vier. Von Sportjournalisten wird seit 1956 alljährlich eine Wahl zu „Europas Fußballer des Jahres" (im Lexikon: E) durchgeführt. Seit 1988 wird auch ein „Welt-Fußballer des Jahres" gewählt (im Lexikon: W); die Jury bilden die Nationaltrainer der FIFA-Mitgliedsländer.

### ANDRADE, JOSÉ LEANDRO (1.10.1901-4.10.1957)
Stürmer, tänzerisch elegant („Mann mit den goldenen Füßen"). In den 20er Jahren galt er als weltbester Spieler. Er wurde mit Uruguay Olympiasieger (1924 und 1928) und Weltmeister (1930).

### AUGENTHALER, KLAUS (*26.9.1957)
Abwehrspieler und Libero von Bayern München, bekannt für seinen scharfen Schuss. Deutscher Rekordmeister (7 Titel). Weltmeister 1990.

### BALLACK, MICHAEL (*26.9.1976)
Balltechnisch begabter Mittelfeldspieler, wechselte 2002 von Bayer Leverkusen zu Bayern München. Bei der WM 2002 neben Oliver Kahn bester deutscher Spieler.

### BANKS, GORDON (*30.12.1937)
Ruhiger und gelassener Torhüter der englischen Weltmeister-Elf von 1966. Er war so sicher wie die „Bank von England".

### BARESI, FRANCO (*8.5.1960)
Libero des AC Mailand und Spezialist für die Abseitsfalle. Er gewann zweimal den Europapokal der Landesmeister und nahm an vier Weltmeisterschaften teil.

### BASLER, MARIO (*18.12.1968)
Supertechniker bei Werder Bremen, Bayern München und Kaiserslautern. Spezialitäten: Bier trinken, Eckstöße direkt ins Tor zirkeln.

### BASTEN, MARCO VAN (*31.10.1964)
Schneller und wendiger Stürmer aus den Niederlanden. Er gewann einmal den Europacup der Pokalsieger (mit Ajax Amsterdam) und zweimal den Europapokal der Landesmeister (mit AC Mailand). Mit der Nationalelf wurde er 1988 Europameister. E 1988, 1989, 1992, W 1988, 1989, 1992

### BECKENBAUER, FRANZ (*11.9.1945)
Eleganter Libero. Der heutige Präsident von Bayern München ist der erfolgreichste deutsche Fußballer aller Zeiten. Er wurde 1972 Europameister, 1974 als Spieler und 1990 als Teamchef Weltmeister. Mit dem FC Bayern gewann er zwischen 1967 und 1976 sämtliche möglichen nationalen und internationalen Titel. Mit Cosmos New York wurde er dreimal US-Meister, am Ende seiner Karriere auch noch einmal mit dem HSV Deutscher Meister (1982). E 1972, 1976

### BECKHAM, DAVID (*2.5.1975)
Eckball- und Freistoß-Spezialist, berühmt wegen seiner Frisuren und seiner Ehe mit dem Ex-„Spice Girl" Victoria Adams. Im Champions League-Finale 1999 bereitete er mit zwei Eckbällen den 2:1-Sieg von Manchester United gegen Bayern München vor. Seit 2003 bei Real Madrid unter Vertrag.

### BEST, GEORGE (*22.5.1946)
Mittelfeldspieler von Manchester United. In den 60er Jahren als toller Dribbler gefürchtet. Er hatte lange Haare und viele Fans. Wenn er irgendwo auftauchte, wurde er bejubelt, als sei er einer von den „Beatles". E 1968

### BIERHOFF, OLIVER (*1.5.1968)
Kopfballstarker Stürmer. Karriere machte er als Torjäger in der italienischen Liga (AC Mailand). Im Endspiel der EM 1996 schoss er für Deutschland das „Golden Goal". Seit 2004 Manager der Nationalmannschaft.

### BREHME, ANDREAS (*9.11.1960)
Technisch starker Verteidiger (Kaiserslautern, Bayern). Konnte mit rechts und links gleich gut schießen. Im WM-Finale 1990 verwandelte er den entscheidenden Elfmeter zum 1:0-Sieg der BRD gegen Argentinien.

### BREITNER, PAUL (*5.9.1951)
Linker Außenverteidiger. 1972 wurde er Europa- und 1974 Weltmeister. Mit Bayern München gewann er viele nationale und internationale Titel. Einige Zeit spielte er bei Real Madrid; danach war er wieder beim FC Bayern, diesmal als Regisseur, erfolgreich.

### BUCHWALD, GUIDO (*24.1.1961)
Kopfballstarker Verteidiger. Führte den VfB Stuttgart 1992 zum Meistertitel. Bei der WM 1990 war er der beste deutsche Spieler. Weil er auch gut dribbelte, bekam er in Anlehnung an Maradona den Spitznamen „Diego".

### CHARLTON, ROBERT (*11.10.1937)
Mittelfeld-Regisseur von Manchester United. In den 60er Jahren ein Idol des englischen Fußballs. Er führte das englische Team 1966 zur Weltmeisterschaft. E 1966

### CRUYFF, JOHAN (*25.4.1947)
Weltbester Mittelfeldspieler der 70er Jahre. Er wurde sogar zu „Europas Fußballer des Jahrhunderts" gewählt. Gewann mit Ajax Amsterdam dreimal den Europacup der Landesmeister (1971-73). Später war er auch als Trainer des FC Barcelona erfolgreich. E 1971, 1973, 1974

### DEAN, DIXIE (21.1.1907-1.3.1980)
Torjäger vom FC Everton (England). Stellte mit 60 Treffern in einer Saison (1927/28) einen bis heute gültigen Torrekord auf.

### DEISLER, SEBASTIAN (*5.1.1980)
Mittelfeldspieler bei Hertha BSC und dem FC Bayern, kann sehr gut mit dem Ball umgehen. Gilt als eines der größten Talente des deutschen Fußballs, leider oft verletzt.

### DIDI (*8.10.1928)
Laufstarker Ballkünstler von Fluminense Rio de Janeiro. War Regisseur der brasilianischen Weltmeister-Mannschaften von 1958 und 1962.

### ELBER, GIOVANE (*23.7.1972)
Trickreicher Stürmer aus Brasilien. Bildete beim VfB Stuttgart mit Krassimir Balakov und Fredi Bobic ein „magisches Dreieck". Danach glänzte er bei Bayern München mit vielen Toren und tollen Jubel-Einlagen. Im Sommer 2003 Wechsel zu Olympique Lyon.

### EUSEBIO (*25.1.1942)
Schneller Stürmer aus Mosambik. Mit Benfica Lissabon gewann er 1962 den

Europapokal der Landesmeister. Bei der WM 1966 wurde er Torschützenkönig. E 1965

### FIGO, LUIS (*4.11.1972)

Bevor er nach Madrid wechselte, spielte der portugiesische Mittelfeldstar bei Barcelona. Zusammen mit Zidane bildet er bei Real das beste Mittelfeld aller Zeiten. Der „König der Vorbereiter" glänzt vor allem mit Torvorlagen. In der spanischen Liga-Saison 2000/01 waren es allein 23. E 2000, W 2001

### FISCHER, KLAUS (*27.12.1949)

Torgefährlicher Mittelstürmer von Schalke 04 (1968-88, 268 Tore). Spezialist für Fallrückzieher-Tore.

### GARRINCHA (28.10.1933-20.1.1983)

Außenstürmer der brasilianischen Weltmeister-Mannschaften von 1958 und 1962. Der Mann mit den ungleichen Beinen (ein X- und ein O-Bein) gilt als der beste Dribbler aller Zeiten.

### GULLIT, RUUD (*1.9.1962)

Regisseur des niederländischen Europameister-Teams von 1988. Mit dem AC Mailand holte der Mann mit den Rasta-Locken zweimal den Europapokal der Landesmeister. E 1987

### HÄSSLER, THOMAS (*30.5.1966)

Ballsicherer Mittelfeldspieler und gefährlicher Freistoß-Schütze (101 Länderspiele, 11 Tore). Spielte in Köln, Turin, Rom, Karlsruhe und bei 1860 München. Als „alter Mann" beim SV Salzburg immer noch aktiv.

### HERZOG, ANDREAS (*10.9.1968)

Mittelfeld-Dirigent („Alpen-Maradona"). Er spielte bei den großen Wiener Vereinen (Admira-Wacker, Rapid, Vienna). Später wurde er als Regisseur von Werder Bremen auch Deutscher Meister.

### HOENESS, ULI (*5.1.1952)

Schneller Stürmer, später gewiefter Manager von Bayern München. Er gewann dreimal den Europapokal, wurde 1972 Europameister und 1974 Weltmeister. Sein jüngerer Bruder Dieter, heute Manager von Hertha BSC, erzielte als kopfballstarker Bayern-Mittelstürmer 127 Tore.

### JASCHIN, LEW (22.10.1929-20.3.1990)

Bester Torhüter aller Zeiten. Der „schwarze Panther" im Tor von Dynamo Moskau war nicht nur für seine guten Reflexe berühmt. Er hatte ein hervorragendes Stellungsspiel, organisierte perfekt die Abwehr und schaltete sich sogar bei Angriffen als zusätzlicher Feldspieler ein. E 1963

### KAHN, OLIVER (*15.6.1969)

Ehrgeiziger Nationaltorhüter (FC Bayern). Seit Jahren gilt er als bester Keeper der Bundesliga. 1999, 2001 und 2002 Welt-Torwart des Jahres. Höhepunkte seiner Karriere: der Sieg im Champions League-Finale 2001 (er hielt drei Elfmeter) und die Vize-WM 2002, wo er nicht nur zum besten Torwart, sondern zum besten Spieler überhaupt gewählt wurde.

### KALB, HANS (3.8.1899-5.4.1945)

In den 20er Jahren bester deutscher Spieler auf der Position des Mittelläufers. Er beschwerte sich gern lautstark beim Schiedsrichter. Beim Länderspiel gegen Uruguay während der Olympiade 1928 wurde er als Kapitän vom Platz gestellt.

### KEEGAN, KEVIN (*14.2.1951)

Erster Millionär der Bundesliga. Der kleine Mittelfeldspieler („rasender Zwerg") war von 1977 bis 1980 beim Hamburger SV Publikumsliebling und Superstar der Mannschaft. E 1978, 1979

### KIRSTEN, ULF (*4.12.1965)

Torgefährlicher Stürmer und Nationalspieler (49 Länderspiele für die DDR, 51 für die BRD). Spielte zuerst bei Dynamo Dresden und wurde später bei Bayer Leverkusen zu einem der erfolgreichsten Bundesliga-Torjäger.

*Beim Abschiedsspiel für Andreas Köpke im Sommer 2001 gaben sich die Bundesliga-Stars vieler Jahre die Ehre. Oben (v.l.n.r.): Klaus Augenthaler, Rudi Völler, Dieter Eckstein, Thomas Helmer, Christian Ziege, Andreas Möller, Thomas Strunz, Guido Buchwald, Dieter Eilts, Oliver Reck. Unten (v.l.n.r.): Pierre Littbarski, Heiko Herrlich, Steffen Freund, Jürgen Klinsmann, Andreas Köpke, Krassimir Balakov, Karl-Heinz Riedle, Maurizio Gaudino*

Spielerlexikon

### KLINSMANN, JÜRGEN (*30.7.1964)

Beliebter und torgefährlicher Stürmer. Der gelernte Bäcker begann seine Karriere beim VfB Stuttgart. Weitere Stationen von „Klinsi" waren Inter Mailand, AS Monaco, die Tottenham Hotspurs und Bayern München. Weltmeister 1990, Europameister 1996. Zum UEFA-Cup-Sieg der Bayern 1996 steuerte er in 12 Spielen 15 Tore bei. 2004 wurde er Bundestrainer.

### KÖPKE, ANDREAS (*12.3.1962)

Torhüter mit tollen Reflexen. Verhinderte mehrmals den Abstieg des 1. FC Nürnberg. Europameister 1996. Weltbester Torhüter 1996. Seit 2004 Bundes-Torwarttrainer.

### KÖRBEL, KARL-HEINZ (*1.12.1954)

Verteidiger bei Eintracht Frankfurt. Rekordspieler der Bundesliga (602 Spiele von 1972 bis 1991).

### KOHLER, JÜRGEN (*6.10.1965)

Zuverlässiger Manndecker und langjähriger Nationalspieler (105 Länderspiele, 2 Tore). Weltmeister 1990. Vereine: Bayern München, Juventus Turin und Borussia Dortmund.

### KRANKL, HANS (*14.2.1953)

Torjäger (Rapid Wien, FC Barcelona). Von 1974 bis 1985 war er der berühmteste Stürmer Österreichs. Zum 3:2-Sieg Österreichs über die BRD bei der WM 1978 steuerte er zwei Treffer bei.

### KUZORRA, ERNST (16.10.1905-1.1.1990)

Stürmer der berühmten Mannschaft von Schalke 04, die zwischen 1934 und 1942 sechsmal Deutscher Meister wurde.

### LEHNER, ERNST (7.11.1912-10.1.1986)

Rechtsaußen der legendären „Breslau-Elf", die 1937 in zehn Spielen unbesiegt blieb. War lange Zeit Deutschlands Rekordnationalspieler (65 Länderspiele, 30 Tore).

### LITTBARSKI, PIERRE (*16.4.1960)

Säbelbeiniger Stürmer des 1. FC Köln. Weltmeister 1990. Spielte am Ende seiner Karriere in Japan. Heute Trainer.

### MAIER, SEPP (*28.2.1944)

Mit Bayern München erfolgreichster deutscher Torhüter. Europa- (1972) und Weltmeister (1974). Wenn er im Spiel nicht beschäftigt war, machte er immer wieder Späße. Einmal versuchte er, eine Ente zu fangen, die zufällig in seinem Strafraum gelandet war.

### MARADONA, DIEGO (*30.10.1960)

Weltbester Fußballer der 80er Jahre. Führte in der argentinischen Weltmeister-Mannschaft von 1986 Regie. 1987 versetzte er ganz Neapel in einen Freudentaumel, als das süditalienische Team erstmals Meisterschaft und Pokal gewann. Bei der WM 1994 wurde er des Dopings überführt.

### MATTHÄUS, LOTHAR (*21.3.1961)

Dynamischer Mittelfeldspieler, Nationalmannschaftskapitän und Weltmeister 1990. Der ehrgeizige „Dauerbrenner" (150 Länderspiele von 1980 bis 2000) feierte auch nach schweren Verletzungen immer wieder ein Comeback. Mit Bayern München und Inter Mailand gewann er alle möglichen Titel – bis auf den Europapokal der Landesmeister. Außerhalb des Fußballplatzes sorgte er mit seinem „Plappermaul" für ständige Aufregung. Seit 2004 ist er Trainer der ungarischen Nationalelf. E 1990, W 1990, 1991

### MATTHEWS, STANLEY (1.2.1915-23.2.2000)

Trickreicher Rechtsaußen, erfand den „Matthews-Trick". War Profispieler bis zu seinem 50. Lebensjahr (886 Spiele). 1965 wurde er von der englischen Queen zum „Sir" geadelt. Dabei sagte sie: „Stan, Sie sind eine Legende". E 1956

### MÜLLER, GERD (*3.11.1945)

Der erfolgreichste deutsche Torjäger aller Zeiten (365 Bundesliga-Tore für den FC Bayern, davon 40 Tore in der Saison 1971/72, 68 Länderspiel-Tore in 62 Spielen, 14 WM-Tore). 1972 wurde er Europa- und 1974 Weltmeister. Sein erster Trainer in München, Tschik Cajkovski, hatte diese Karriere nicht vorausgesehen. Er meinte, dass aus „dem kleinen Dicken" nie etwas werden würde. E 1970

### NEDVED, PAVEL (*30.8.1972)

Der mit Spielübersicht und Dynamik glänzende Spieler ist der Kopf von Juventus Turin und der Nationalmannschaft Tschechiens. E 2003

### NETZER, GÜNTER (*14.9.1944)

Spielmacher der deutschen Super-Elf, die 1972 Europameister wurde. Zweifacher Deutscher Meister mit Mönchengladbach und zweifacher spanischer Meister mit Real Madrid. Heute sieht man ihn oft im Fernsehen, wenn er Fußballspiele kommentiert.

### OVERATH, WOLFGANG (*29.9.1943)

Der brillante Techniker wurde als 20-Jähriger mit dem 1. FC Köln erster Bundesligameister. In der Nationalelf stritt er lange Zeit mit Günter Netzer um die Position des Spielmachers. 1974 setzte er sich gegen den Gladbacher durch und wurde Weltmeister.

### OWEN, MICHAEL (*14.12.1979)

Der schnelle Stürmer aus Liverpool war bei seinem ersten Einsatz am 11.2.1998 der jüngste Nationalspieler Englands. Er war auch der jüngste Spieler, der jemals für England ein Tor schoss. Sein bisher bestes Spiel lieferte er in der Qualifikation zur WM 2002 gegen Deutschland: Drei Tore setzte er dem weltbesten Torhüter, Oliver Kahn, ins Netz. E 2001

### PELÉ (*23.10.1940)

Bester Fußballer aller Zeiten. Der geschmeidige und torgefährliche Mittelfeldspieler des FC Santos machte das Trikot mit der Rückennummer 10 berühmt. Mit Brasilien wurde er 1958, 1962 und 1970 Weltmeister. Insgesamt bestritt er 1363 Spiele und schoss 1281 Tore. Seine Karriere beendete er 1977 neben Franz Beckenbauer bei Cosmos New York.

### PLATINI, MICHEL (*21.6.1955)

Genialer Regisseur aus Frankreich, spielte bei AS St. Etienne und Juventus Turin. Dreimal in Folge wurde er Torschützenkönig in Italien, dreimal in Folge wählte man ihn zu „Europas Fußballer des Jahres". 1984 führte er die französische Nationalmannschaft zur Europameisterschaft. E 1983-85

### PUSKÁS, FERENCZ (*2.4.1927)

Stürmer, berühmt für seinen starken linken Fuß. Er war der Star der ungarischen Super-Elf der 50er Jahre. Von 1958 bis 1960 gewann er mit Real Madrid dreimal in Folge den Europacup der Landesmeister. In der spanischen Liga wurde er viermal Torschützenkönig. Insgesamt brachte er es bis zum Ende seiner Karriere 1965 auf 1176 Treffer.

### RAHN, HELMUT (16.8.1929-14.8.2003)

Stürmer von Rot-Weiß Essen. Im WM-Endspiel 1954 schoss der „Boss" das entscheidende Tor zum 3:2 gegen Ungarn.

Spielerlexikon

## RAÚL (*27.6.1977)

Der geschmeidige Offensivspieler erregte bereits als 17-Jähriger bei Real Madrid mit begeisternden Dribblings Aufsehen. Darüber hinaus zeichnet den spanischen National-spieler auch ein bemerkenswerter Tor-instinkt aus. Allein in der Qualifikation zur EM 2000 erzielte er 11 Treffer. Bei den Wahlen zum besten Spieler Europas und der Welt belegt er immer vordere Plätze.

## RIVALDO (*19.4.1972)

Brasilianischer Star des AC Mailand. Er ist stark in der Offensive und begeistert mit toller Balltechnik. E, W 1999

## RIVERA, GIANNI (*18.8.1943)

Italienischer Spielmacher mit viel Übersicht und Ballgefühl. Teilnehmer an vier WM-Turnieren (1962-74). Gewann mit dem AC Mailand vier Europapokal-Titel. E 1969

## RONALDINHO (*21.3.1980)

Überragender Ballkünstler des FC Barcelona und der brasilianischen Nationalmannschaft. Ronaldinho sagt von sich, dass er nicht nur gewinnen, sondern beim Fußball auch Spaß haben will. W 2004

## RONALDO (*22.9.1976)

Der schnelle und sehr trickreiche Stürmer aus Brasilien war der Superstar der Jahre 1996 und 1997. Mit Inter Mailand gewann er 1998 den UEFA-Cup. Bei der WM 1998 enttäuschte er, doch bei der WM 2002 feierte er ein tolles Comeback. Als Weltmeister wechselte er zu Real Madrid. E 1997, 2002 W 1996, 1997, 2002

## RUMMENIGGE, KARL-HEINZ (*25.9.1955)

Schneller, dribbelstarker Stürmer (Bayern München, Inter Mailand). 95 Länderspiele (45 Tore). Europameister 1980, Vize-Welt-meister 1982, 1986. Dreimal Bundesliga-Torschützenkönig. Seit 1991 Vize-Präsident von Bayern München. E 1980, 1981

## SAMMER, MATTHIAS (*5.9.1967)

Unermüdlicher Antreiber im Mittelfeld. Mit Dynamo Dresden wurde er DDR-Meister, mit dem VfB Stuttgart und Borussia Dort-mund Meister in der Bundesliga. Höhe-punkt in der Laufbahn des rothaarigen „Feuerkopfes" war der Gewinn der Europa-meisterschaft 1996. Eine Knieverletzung beendete seine Karriere. Heute ist er Trainer beim VfB Stuttgart. E 1996

## SCHÖN, HELMUT ((15.9.1915-23.2.1996)

Klassestürmer des Dresdner SC in den 40er Jahren. Der „Lange" wurde als Trainer der BRD-Nationalmannschaft 1972 Europa- und 1974 Weltmeister.

## SCHOLL, MEHMET (*16.10.1970)

Ehemaliger Teenie-Schwarm des FC Bayern München. Er gilt als der balltechnisch beste deutsche Fußballer. Am Ende seiner Karrie-re wurde aus dem „ewigen Talent" doch noch ein herausragender Topspieler.

## SEELER, UWE (*5.11.1936)

Kopfballstarker und beliebter Stürmer. Von 1953 bis 1972 schoss der Torjäger in 916 Spielen für den Hamburger SV 772 Tore. Als Nationalspieler brachte er es auf 72 Einsät-ze und 43 Tore. Im Jahr 2001 sollte das neue Hamburger Stadion nach Seeler be-nannt werden. Doch dann bot ein Internet-Anbieter dem HSV 15 Millionen Euro für den Namen „AOL-Arena", den das Stadion heute trägt.

## SINDELAR, MATTHIAS (10.2.1903-23.1.1939)

Herausragender Spieler des österreichischen „Wunderteams" der 30er Jahre. Er konnte den Ball so kunstvoll „streicheln", dass ihn die Wiener einen „Mozart des Fußballs" nannten.

## STEFANO, ALFREDO DI (*4.7.1926)

Torgefährlicher Spielmacher der Super-mannschaft von Real Madrid, die fünfmal in Folge den Europapokal der Landesmeister gewann (1956-1960). Holte Landesmeis-ter-Titel in Argentinien (mit River Plate), in Kolumbien (mit Millionarios Bogota) und in Spanien (mit Real Madrid). In welcher Liga er auch spielte – er wurde immer Torschüt-zenkönig. E 1957, 1959

## STUHLFAUTH, HEINER (11.1.1896-12.9.1966)

Erster Weltklasse-Torhüter Deutschlands. Gewann mit dem 1. FC Nürnberg zwischen 1920 und 1927 fünf deutsche Meister-schaften und spielte dabei in jedem End-spiel „zu Null".

## SZEPAN, FRITZ (2.9.1907-14.12.1974)

Technisch starker Spielmacher des FC Schal-ke 04. Er begründete zusammen mit seinem Schwager Ernst Kuzorra in den 30er Jahren den Ruhm des „Schalker Kreisels".

## VÖLLER, RUDI (*13.4.1960)

Viel bejubelter Stürmer bei Werder Bremen, AS Rom und Olympique Marseille (Europa-pokal der Landesmeister 1993). Weltmeister 1990 (90 Länderspiele, 47 Tore). Bis 2004 Bundestrainer, seitdem Sportdirektor in Le-verkusen.

## VOGTS, BERTI (*30.12.1946)

Erfolgreicher Verteidiger bei Mönchenglad-bach und in der Nationalelf (Weltmeister 1974). Trug den Spitznamen „Terrier", weil er sich so verbissen an die Fersen seiner Geg-ner heftete. Als Bundestrainer Europameister 1996, derzeit Nationaltrainer der Schotten.

## WALTER, FRITZ (31.10.1920-17.06.2002)

Genialer Mittelfeldspieler des 1. FC Kaisers-lautern. Als Nationalspieler (61 Länder-spiele, 33 Tore) lenkte er die Angriffe seiner Mannschaft mit großem taktischen Ver-ständnis. 1954, als er die deutsche Natio-nalmannschaft zu ihrem ersten WM-Titel führte, galt er als „verlängerter Arm" des Bundestrainers Sepp Herberger. Was „der Chef" befahl, setzte „der Fritz" auf dem Platz perfekt um.

## ZAMORA, RICARDO (21.1.1901-18.9.1978)

Eleganter Torhüter des FC Barcelona. Galt in den 20er und 30er Jahren als der Beste seines Faches.

## ZIDANE, ZINEDINE (*23.6.1972)

Der teuerste Spieler der Welt (2001 zahlte Real Madrid für ihn 70 Millionen Euro an Juventus Turin) ist auch nach Meinung vieler Exper-ten der beste. Der Mann mit der überragenden Balltechnik wurde mit Frankreich 1998 Welt- und 2000 Europameister. Als man ihn im Jahr 2000 zum weltbesten Fußballer wählte, erhielt er von der Firma Adidas, mit der er ei-nen Werbevertrag hat, ein Paar goldene Fuß-ballschuhe geschenkt. Einmal hat er sogar damit gespielt. E 1998, W 1998, 2000, 2003

## ZOFF, DINO (*28.2.1942)

Torhüter von Juventus Turin. Bestach durch seine unerschütterliche Ruhe. Der beliebte Schlussmann („Dino Nazionale") wurde mit Italien 1982 Weltmeister. Insgesamt bestritt er 112 Länderspiele.

# Statistik

### DEUTSCHLAND
### SIEGER IN DER MEISTERSCHAFT

1903 VfB Leipzig
1905 Union 92 Berlin
1906 VfB Leipzig
1907 Freiburger FC
1908 Viktoria 89 Berlin
1909 Phönix Karlsruhe
1910 Karlsruher FV
1911 Viktoria 89 Berlin
1912 Holstein Kiel
1913 VfB Leipzig
1914 SpVgg Fürth
1920 1. FC Nürnberg
1921 1. FC Nürnberg
1923 Hamburger SV
1924 1. FC Nürnberg
1925 1. FC Nürnberg
1926 SpVgg Fürth
1927 1. FC Nürnberg
1928 Hamburger SV
1929 SpVgg Fürth
1930 Hertha BSC Berlin
1931 Hertha BSC Berlin
1932 FC Bayern München
1933 Fortuna Düsseldorf
1934 FC Schalke 04
1935 FC Schalke 04
1936 1. FC Nürnberg
1937 FC Schalke 04
1938 Hannover 96
1939 FC Schalke 04
1940 FC Schalke 04
1941 Rapid Wien
1942 FC Schalke 04
1943 Dresdner SC
1944 Dresdner SC

### BR DEUTSCHLAND:

1948 1. FC Nürnberg
1949 VfR Mannheim
1950 VfB Stuttgart
1951 1. FC Kaiserslautern
1952 VfB Stuttgart
1953 1. FC Kaiserslautern
1954 Hannover 96
1955 Rot-Weiß Essen
1956 Borussia Dortmund
1957 Borussia Dortmund
1958 FC Schalke 04
1959 Eintracht Frankfurt
1960 Hamburger SV
1961 1. FC Nürnberg
1962 1. FC Köln
1963 Borussia Dortmund

### DEUTSCHE MEISTER IN DER BUNDESLIGA

1964 1. FC Köln
1965 SV Werder Bremen
1966 TSV 1860 München
1967 Eintracht Braunschweig
1968 1. FC Nürnberg
1969 FC Bayern München
1970 Borussia Mönchengladbach
1971 Borussia Mönchengladbach
1972 FC Bayern München
1973 FC Bayern München
1974 FC Bayern München
1975 Borussia Mönchengladbach
1976 Borussia Mönchengladbach
1977 Borussia Mönchengladbach
1978 1. FC Köln
1979 Hamburger SV
1980 FC Bayern München
1981 FC Bayern München
1982 Hamburger SV
1983 Hamburger SV
1984 VfB Stuttgart
1985 FC Bayern München
1986 FC Bayern München
1987 FC Bayern München
1988 SV Werder Bremen
1989 FC Bayern München
1990 FC Bayern München
1991 1. FC Kaiserslautern
1992 VfB Stuttgart
1993 SV Werder Bremen
1994 FC Bayern München
1995 Borussia Dortmund
1996 Borussia Dortmund
1997 FC Bayern München
1998 1. FC Kaiserslautern
1999 FC Bayern München
2000 FC Bayern München
2001 FC Bayern München
2002 Borussia Dortmund
2003 FC Bayern München
2004 SV Werder Bremen

### SIEGER IM DFB-POKAL

1935 1. FC Nürnberg
1936 VfB Leipzig
1937 FC Schalke 04
1938 Rapid Wien
1939 1. FC Nürnberg
1940 Dresdner SC
1941 Dresdner SC
1942 TSV 1860 München
1943 Vienna Wien

### BR DEUTSCHLAND:

1953 Rot-Weiß Essen

1954 VfB Stuttgart
1955 Karlsruher SC
1956 Karlsruher SC
1957 FC Bayern München
1958 VfB Stuttgart
1959 Schwarz-Weiß Essen
1960 Borussia Mönchengladbach
1961 SV Werder Bremen
1962 1. FC Nürnberg
1963 Hamburger SV
1964 TSV 1860 München
1965 Borussia Dortmund
1966 FC Bayern München
1967 FC Bayern München
1968 1. FC Köln
1969 FC Bayern München
1970 Kickers Offenbach
1971 FC Bayern München
1972 FC Schalke 04
1973 Borussia Mönchengladbach
1974 Eintracht Frankfurt
1975 Eintracht Frankfurt
1976 Hamburger SV
1977 1. FC Köln
1978 1. FC Köln
1979 Fortuna Düsseldorf
1980 Fortuna Düsseldorf
1981 Eintracht Frankfurt
1982 FC Bayern München
1983 1. FC Köln
1984 FC Bayern München
1985 Bayer 05 Uerdingen
1986 FC Bayern München
1987 Hamburger SV
1988 Eintracht Frankfurt
1989 Borussia Dortmund
1990 1. FC Kaiserslautern
1991 SV Werder Bremen
1992 Hannover 96
1993 Bayer 04 Leverkusen
1994 SV Werder Bremen
1995 Borussia Mönchengladbach
1996 1. FC Kaiserslautern
1997 VfB Stuttgart
1998 FC Bayern München
1999 SV Werder Bremen
2000 FC Bayern München
2001 FC Schalke 04
2002 FC Schalke 04
2003 FC Bayern München
2004 SV Werder Bremen

### DIE BESTEN DEUTSCHEN VEREINE
#### FC BAYERN MÜNCHEN

18 x Deutscher Meister, 11 x Deutscher Pokalsieger, 4 x Europacup der Landesmeis-

ter/Champions League, 1 x Europacup der Pokalsieger, 1 x UEFA-Cup, 2 x Weltpokal

**1. FC Nürnberg**
9 x Deutscher Meister, 3 x Deutscher Pokalsieger

**FC Schalke 04**
7 x Deutscher Meister, 4 x Deutscher Pokalsieger, 1 x UEFA-Cup

**Hamburger SV**
6 x Deutscher Meister, 3 x Deutscher Pokalsieger, 1 x Europacup der Pokalsieger, 1 x Europacup der Landesmeister

**Borussia Mönchengladbach**
5 x Deutscher Meister, 3 x Deutscher Pokalsieger, 2 x UEFA-Cup

**BV Borussia Dortmund**
6 x Deutscher Meister, 2 x Deutscher Pokalsieger, 1 x Europacup der Pokalsieger, 1 x Champions League, 1 x Weltpokal

**VFB Stuttgart**
4 x Deutscher Meister, 3 x Deutscher Pokalsieger

**1. FC Kaiserslautern**
4 x Deutscher Meister, 2 x Deutscher Pokalsieger

**SV Werder Bremen**
4 x Deutscher Meister, 5 x Deutscher Pokalsieger, 1 x Europacup der Pokalsieger

**1. FC Köln**
3 x Deutscher Meister, 4 x Deutscher Pokalsieger

**Hertha BSC Berlin**
2 x Deutscher Meister

**Eintracht Frankfurt**
1 x Deutscher Meister, 4 x Deutscher Pokalsieger, 1 x UEFA-Cup

**Bayer 04 Leverkusen**
1 x Deutscher Pokalsieger, 1 x UEFA-Cup

**TSV München 1860**
1 x Deutscher Meister, 2 x Deutscher Pokalsieger

**SPVGG Greuther Fürth**
3 x Deutscher Meister

**Hannover 96**
2 x Deutscher Meister, 1 x Deutscher Pokalsieger

**Karlsruher SC**
1 x Deutscher Meister, 2 x Deutscher Pokalsieger

### Europa
### Sieger im Europacup der Landesmeister
### (ab 1993 Champions League)
1956 Real Madrid
1957 Real Madrid
1958 Real Madrid
1959 Real Madrid

1960 Real Madrid
1961 Benfica Lissabon
1962 Benfica Lissabon
1963 AC Mailand
1964 Inter Mailand
1965 Inter Mailand
1966 Real Madrid
1967 Celtic Glasgow
1968 Manchester United
1969 AC Mailand
1970 Feyenoord Rotterdam
1971 Ajax Amsterdam
1972 Ajax Amsterdam
1973 Ajax Amsterdam
1974 Bayern München
1975 Bayern München
1976 Bayern München
1977 FC Liverpool
1978 FC Liverpool
1979 Nottingham Forest
1980 Nottingham Forest
1981 FC Liverpool
1982 Aston Villa
1983 Hamburger SV
1984 FC Liverpool
1985 Juventus Turin
1986 Steaua Bukarest
1987 FC Porto
1988 PSV Eindhoven
1989 AC Mailand
1990 AC Mailand
1991 Roter Stern Belgrad
1992 FC Barcelona
1993 Olympique Marseille
1994 AC Mailand
1995 Ajax Amsterdam
1996 Juventus Turin
1997 Borussia Dortmund
1998 Real Madrid
1999 Manchester United
2000 Real Madrid
2001 Bayern München
2002 Real Madrid
2003 AC Mailand
2004 FC Porto

### Sieger im Europacup der Pokalsieger
### (letzter Titel 1999)
1961 AC Florenz
1962 Atletico Madrid
1963 Tottenham Hotspur
1964 Sporting Lissabon
1965 West Ham United
1966 Borussia Dortmund
1967 Bayern München
1968 AC Mailand
1969 Slovan Bratislava
1970 Manchester City
1971 Chelsea London

1972 Glasgow Rangers
1973 AC Mailand
1974 1. FC Magdeburg
1975 Dynamo Kiew
1976 RSC Anderlecht
1977 Hamburger SV
1978 RSC Anderlecht
1979 FC Barcelona
1980 FC Valencia
1981 Dynamo Tiflis
1982 FC Barcelona
1983 FC Aberdeen
1984 Juventus Turin
1985 FC Everton
1986 Dynamo Kiew
1987 Ajax Amsterdam
1988 KV Mechelen
1989 FC Barcelona
1990 Sampdoria Genua
1991 Manchester United
1992 Werder Bremen
1993 AC Parma
1994 Arsenal London
1995 Real Saragossa
1996 Paris St. Germain
1997 FC Barcelona
1998 Chelsea London
1999 Lazio Rom

### Sieger im UEFA-Pokal
### (bis 1971 Pokal der Messestädte)
1958 FC Barcelona
1960 FC Barcelona
1961 AS Rom
1962 FC Valencia
1963 FC Valencia
1964 Real Saragossa
1965 Ferencvaros Budapest
1966 FC Barcelona
1967 Dinamo Zagreb
1968 Leeds United
1969 Newcastle United
1970 Arsenal London
1971 Leeds United
1972 Tottenham Hotspur
1973 FC Liverpool
1974 Feyenoord Rotterdam
1975 Borussia Mönchengladbach
1976 FC Liverpool
1977 Juventus Turin
1978 PSV Eindhoven
1979 Borussia Mönchengladbach
1980 Eintracht Frankfurt
1981 Ipswich Town
1982 IFK Göteborg
1983 RSC Anderlecht
1984 Tottenham Hotspur
1985 Real Madrid
1986 Real Madrid

# Statistik

1987 IFK Göteborg
1988 Bayer Leverkusen
1989 SSC Neapel
1990 Juventus Turin
1991 Inter Mailand
1992 Ajax Amsterdam
1993 Juventus Turin
1994 Inter Mailand
1995 AC Parma
1996 Bayern München
1997 Schalke 04
1998 Inter Mailand
1999 AC Parma
2000 Galatasaray Istanbul
2001 FC Liverpool
2002 Feyenoord Rotterdam
2003 FC Porto
2004 FC Valencia

## Die besten Vereine Europas

### Real Madrid
9 x Europacup der Landesmeister/Champions League, 2 x UEFA-Cup, 3 x Weltpokal

### AC Mailand
5 x Europacup der Landesmeister/Champions League, 2 x Europacup der Pokalsieger, 1 x UEFA-Cup, 3 x Weltpokal

### Ajax Amsterdam
4 x Europacup der Landesmeister/Champions League, 1 x Europacup der Pokalsieger, 1 x UEFA-Cup, 2 x Weltpokal

### FC Liverpool
4 x Europacup der Landesmeister/Champions League, 3 x UEFA-Cup

### Juventus Turin
2 x Europacup der Landesmeister/Champions League, 1 x Europacup der Pokalsieger, 3 x UEFA-Cup, 2 x Weltpokal

### FC Barcelona
1 x Europacup der Landesmeister/Champions League, 4 x Europacup der Pokalsieger, 3 x UEFA-Cup

### Inter Mailand
2 x Europacup der Landesmeister/Champions League, 3 x UEFA-Cup, 2 x Weltpokal

### Manchester United
2 x Europacup der Landesmeister/Champions League, 1 x Europacup der Pokalsieger, 1x Weltpokal

## Weltmeisterschafts-Endspiele
### 1930 bis 1998
**1930 in Uruguay:**
Uruguay – Argentinien 4:2
**1934 in Italien:**
Italien – Tschechoslowakei 2:1 n.V.
**1938 in Frankreich:**
Italien – Ungarn 4:2

**1950 in Brasilien:**
Uruguay Weltmeister, kein Endspiel.
**1954 in der Schweiz:**
BR Deutschland – Ungarn 3:2
**1958 in Schweden:**
Brasilien - Schweden 5:2
**1962 in Chile:**
Brasilien – Tschechoslowakei 3:1
**1966 in England:**
England – BR Deutschland 4:2 n.V.
**1970 in Mexiko:**
Brasilien – Italien 4:1
**1974 in Deutschland:**
BR Deutschland – Niederlande 2:1
**1978 in Argentinien:**
Argentinien – Niederlande 3:1 n.V.
**1982 in Spanien:**
Italien – BR Deutschland 3:1
**1986 in Mexiko:**
Argentinien – BR Deutschland 3:2
**1990 in Italien:**
BR Deutschland – Argentinien 1:0
**1994 in USA:**
Brasilien – Italien 0:0 n.V./3:2 i.E.
**1998 in Frankreich:**
Frankreich - Brasilien 3:0
**2002 in Japan/Korea:**
Brasilien - BR Deutschland 2:0
**2006 in Deutschland:**

## Europameisterschafts-Endspiele
### 1960 bis 2000
1960 Sowjetunion – Jugoslawien 2:1 n.V.
1964 Spanien – Sowjetunion 2:1
1968 Italien – Jugoslawien 1:1 n.V.; 2:0
1972 BR Deutschland – Sowjetunion 3:0
1976 Tschechoslowakei –
BR Deutschland 2:2 n.V., 5:3 i.E.
1980 BR Deutschland – Belgien 2:1
1984 Frankreich – Spanien 2:0
1988 Niederlande – Sowjetunion 2:0
1992 Dänemark – BR Deutschland 2:0
1996 BR Deutschland – Tschechien 2:1 n.V
2000 Frankreich – Italien 2:1 n.V.
2004 Griechenland – Portugal 1:0
**2008 in Österreich und der Schweiz:**

## Die erfolgreichsten Fussball-Nationen
### Brasilien
Weltmeister 1958, 1962, 1970, 1994, 2002
7 x Copa America
### Deutschland
Weltmeister 1954, 1974, 1990
Europameister 1972, 1980, 1996
### Italien
Weltmeister 1934, 1938, 1982
Europameister 1968

### Argentinien
Weltmeister 1978, 1986
14 x Copa America
### Uruguay
Weltmeister 1930, 1950
13 x Copa America
### Frankreich
Weltmeister 1998
Europameister 1984, 2000
### England
Weltmeister 1966

## Die deutsche Nationalmannschaft in der Statistik
### Gesamtbilanz nach DFB (05.04.1908 bis 31.12.2004):
753 Spiele, 431 Siege, 148 Unentschieden, 174 Niederlagen, 1664:917 Tore

### Rekordspieler:
1. Lothar Matthäus: 150 Länderspiele
2. Jürgen Klinsmann: 108 Länderspiele
3. Jürgen Kohler: 105 Länderspiele
4. Franz Beckenbauer: 103 Länderspiele
5. Thomas Häßler: 101 Länderspiele

### Torjäger:
1. Gerd Müller:
68 Tore/62 Länderspiele
2. Jürgen Klinsmann:
47 Tore/108 Länderspiele
3. Rudi Völler:
47 Tore/90 Länderspiele

### Die meisten Tore im Durchschnitt:
Ernst Willimowski (8 Länderspiele/13 Tore): 1,6 Tore pro Spiel

### Die meisten Tore in einem Spiel:
Gottfried Fuchs: 10 Tore (Deutschland – Russland 16:0, 1912)
Otto Siffling („Breslau-Elf"): 5 Tore (Deutschland – Dänemark 8:0, 1937)

### WM-Torrekord:
Gerd Müller: 14 Tore (1970 und 1974)

### Höchster Sieg:
16:0 gegen Russland (01.07.1912, Stockholm)

### Höchste Niederlage:
0:9 gegen England (16.03.1909, Oxford)

Statistik

# INDEX

## SPORTSCHAU UND „RAN"

Im Durchschnitt wird jedes Bundesligaspiel von 30.000 Zuschauern besucht. Wer nicht ins Stadion geht, kann die Spiele zu Hause auf dem Fernsehbildschirm verfolgen. 1965 startete die Samstags-Sportschau um 17.30 Uhr mit Bildern von drei Begegnungen der Bundesliga. 1988 übernahm der Privatsender RTL die Übertragungen, 1992 startete die Fußball-Show „ran" auf SAT 1. Fußball erzielt die höchsten Einschaltquoten, deshalb zahlen die Sender den Vereinen für die Übertragungsrechte viel Geld. Das müssen sie, wie man bei jeder Sendung miterleben kann, durch Werbung wieder hereinholen. Ohne das Fernsehen wäre der moderne Profifußball gar nicht mehr denkbar. In der Saison 2001/02 machten die über 370 Millionen Euro, die für die Übertragungsrechte bezahlt wurden, rund 60 Prozent der Einnahmen der Bundesligavereine aus. Die restlichen 40 Prozent setzten sich aus Sponsorengeldern (für die Trikot- und Stadionwerbung), dem Verkauf von Fanartikeln und dem Kartenverkauf im Stadion zusammen. Diese goldenen Zeiten scheinen jedoch vorbei zu sein, denn inzwischen sinken die Preise: 2003/04 lagen die Fernsehrechte wieder bei der ARD – für „nur" noch 280 Millionen Euro.